VERBORGENES
NEW YORK
VERSTECKTE BARS UND RESTAURANTS

Michelle Young, Laura Itzkowitz
und Hannah Frishberg
Fotos: Alix Piorun und Augustin Paquet

JONGLEZ VERLAG

Reiseführer

New York City hat eine große Vielfalt an versteckten Bars und Restaurants zu bieten. Auf der einen Seite ist das zum Teil auf das Erbe der Prohibition zurückzuführen. Auf der anderen Seite brauchen die New Yorker ihre urbanen Rückzugsorte, abseits vom hektischen Großstadttreiben. Nicht zuletzt spielt auch die pure Freude am Genuss eine große Rolle. So geben wir in diesem Buch nicht nur eine Einführung in die Craft-Cocktail-Bewegung, die New York im Sturm erobert hat. Wir möchten auch den Leserinnen und Lesern die Bars und Restaurants zeigen, die sich dem ersten Blick der Besucher dieser Stadt entziehen zu wissen. Die Orte, die hier vorgestellt werden, sind so vielfältig wie New York selbst: Die Bandbreite reicht von exklusiven Bars, die noch aus der Zeit der Prohibition stammen, bis hin zu einfachen Kneipen, von unscheinbaren Imbissständen an Lieferanteneingängen bis hin zu versteckten Gourmet-Supper-Clubs, vom im Souterrain gelegenen Sake-Lokal bis zur Winterhütte auf dem Dach – hier ist für jeden eine geheime Bar dabei!

Die Stadt wurde Schicht für Schicht auf historischen Stätten erbaut und hat sich immer wieder neu erfunden und damit auch fortwährend städtebaulich verändert. New York ist daher für geheime Orte geradezu prädestiniert. Auf dem Höhepunkt der Prohibition gab es in der Stadt 23.000 Flüsterkneipen (speakeasies) – Bars, in denen man zwar trinken konnte, dafür aber leise sprechen musste, um nicht entdeckt zu werden. Einige Bars, die in diesem Buch vorgestellt werden, sind solche Flüsterkneipen aus jener Zeit, viele andere hingegen stammen aus unserer heutigen Zeit, die von Widersprüchen geprägt ist und zwischen Exzess und

Reglementierung schwankt.

Vielleicht noch ein Wort zur Definition von „versteckt". Dies bedarf einer Erklärung, insbesondere in einer so dicht bevölkerten Stadt wie New York. Einige Bars und Restaurants sind im wahrsten Sinne des Wortes unsichtbar – sie befinden sich in dunklen Gassen oder sind nur durch scheinbar private Eingänge zu erreichen. Andere Orte sind deshalb „versteckt", weil sie schwer zu finden oder einfach leicht zu übersehen sind (aber nicht absichtlich). Wieder andere Orte bieten „versteckte" Aktivitäten: ein Dim-Sum-Restaurant in Chinatown, das sich in einen Nachtclub verwandelt, eine Bodega, in der man ein Bier zischen und im hinteren Bereich Tacos schlemmen kann, oder ein Donut-Laden, der sich in einer Autowaschanlage befindet. Einige wenige Bars und Restaurants sind ausdrücklich exklusiver Natur – man erfährt nur durch Empfehlung oder die geheime Weitergabe einer privaten Telefonnummer von ihnen.

Wie immer werden nach der Veröffentlichung eines Reiseführers neue Locations eröffnet und beliebte Einrichtungen geschlossen. Bars und Restaurants, die einst versteckt waren, haben plötzlich ein großes, auffälliges Schild vor der Tür. Ein Buch ist, einmal gedruckt, statisch, aber eine Stadt wie New York verändert sich beständig. Ihre Bewohner sind unentwegt auf der Suche nach dem Neuen und Überraschenden.

Wir freuen uns deshalb immer über Ihre Anregungen und Kommentare zum Inhalt dieses Reiseführers! Weisen Sie uns gern auf Orte hin, die im Buch unerwähnt bleiben – Ihre Informationen werden uns dabei helfen, die künftigen Ausgaben dieses Reiseführers weiter zu vervollständigen. Kontaktieren Sie uns: info@jonglezverlag.com

INHALT

Astoria
ASTORIA'S SECRET 10

Brooklyn – Boerum Hill
GOVINDA'S VEGETARIAN LUNCH 12

Brooklyn – Greenpoint
GLASSERIE 14
SAINT VITUS 16

Brooklyn – Prospect Heights
WEATHER UP 18

Brooklyn – Williamsburg
KELLER DES ST. MAZIE BAR & SUPPER CLUB 20
HOTEL DELMANO 22
MEXICO 2000 BODEGA 24
DIE KELLERBAR DES WYTHE HOTEL 26

Chelsea
BATHTUB GIN 28
THE HIDEOUT 30
NORWOOD 32
RAINES LAW ROOM 34
THE TIPPLER 36
LOULOU 38
LA NOXE 40

Chinatown
APOTHEKE 42
ATTABOY 44
PULQUERIA 46
SAINT TUESDAY 48

Diamond District
RESTAURANTS IM DIAMOND DISTRICT 50

Downtown Brooklyn
SUNKEN HARBOR CLUB 52

East Village

DEATH & COMPANY	*54*
DECIBEL	*56*
NUBLU	*58*
PLEASE DON'T TELL	*60*
THE RED ROOM	*62*
CAFÉ IN DEN RUSSISCHEN UND TÜRKISCHEN BÄDERN	*64*
STREECHA UKRAINIAN KITCHEN	*66*

Elmhurst

SUSHI ON ME	*68*

Garment District

IMBISSSTÄNDE NEBEN DER WARENANNAHME	*70*

Gramercy

DEAR IRVING	*72*
DER SCHANKRAUM DES PLAYERS CLUB	*74*

Greenwich Village

124 OLD RABBIT CLUB	*76*
THE GARRET	*78*
LITTLE BRANCH	*80*
FREVO	*84*

Harlem

AMERICAN LEGION POST 398	*86*
JAZZ BEI MARJORIE ELIOT	*88*

Hudson Square

PINE & POLK	*90*
CHEZ ZOU	*92*

JFK

THE 1850 SPEAKEASY	*96*

Kips Bay

J. BESPOKE	*100*
EDIE'S	*102*
BAR CALICO	*104*

INHALT

Koreatown
GAONNURI	*106*
JEWEL THIEF	*108*

Lower East Side
THE BACK ROOM	*110*
BEAUTY & ESSEX	*112*
FIG. 19	*116*
BLIND BARBER	*118*
BOHEMIAN	*122*
GARFUNKEL'S	*124*
BANZARBAR	*126*

Midtown
RPM UNDERGROUND	*128*
DEAR IRVING ON HUDSON	*130*
NOTHING REALLY MATTERS	*132*

Midtown East
CAMPBELL APARTMENT	*134*
KURUMA ZUSHI	*136*
COFFEE-SHOP DER NORWEGIAN SEAMAN'S CHURCH	*138*
SAKAGURA	*140*
DER SPEISESAAL DER UN-DELEGIERTEN	*142*
BURGERBAR IM HOTEL *LE PARKER MERIDIEN*	*144*
LANTERN'S KEEP	*146*

Midtown West
WOMEN'S NATIONAL REPUBLICAN CLUB RESTAURANT AND PUB	*148*

Morningside Heights
POSTCRYPT COFFEEHOUSE	*150*

Murray Hill
DIE BAR THE GARRYOWEN IM „69TH REGIMENT ARMORY"	*152*
RAINES LAW ROOM IM HOTEL THE WILLIAM	*154*

New York Harbor
HONORABLE WILLIAM WALL CLUBHOUSE	*156*

NoMad
PATENT PENDING   *158*

Queens – Flushing
DIE KANTINE DES GANESH-TEMPELS   *160*

Queens – Glendale
VERKOSTUNGSRAUM DER BIERBRAUEREI FINBACK   *162*

Queens – Long Island City
DUTCH KILLS   *164*

Soho
APRÈS-SKI-FONDUE-CHALET IM CAFÉ SELECT   *166*
LA ESQUINA   *168*

Sunset Park
MI PEQUEÑO CHINANTLA   *170*

The Financial District
OVERSTORY   *172*

Theater District
BAR CENTRALE   *176*

Upper East Side
BAR UND DINING-ROOM IM CLUBHAUS DER SOCIETY
OF ILLUSTRATORS   *178*
DER STORAGE-ROOM VON UES.   *180*
KEYS & HEELS   *182*

West Village
EMPLOYEES ONLY   *184*
DIN DIN SUPPER CLUB   *186*

ALPHABETISCHER INDEX   *188*

ASTORIA'S SECRET

Es wird erwartet, dass die Gäste entweder elegante Kleidung tragen – oder Unterwäsche!

28–53 Steinway Street, Astoria, 11103
astoriassecret.com
astoriassecret@gmail.com
Donnerstag bis Sonntag ab 19 Uhr, letzter Einlass 2 Uhr

© Alix Piorun

Sehr wohltuend: Das Exklusivste, Eleganteste und Teuerste, was dieses Speakeasy (Flüsterkneipe) in Queens zu bieten hat, sind weder irgendein Schnickschnack noch überteuerte Cocktails – es sind die Gäste selbst.

Die dort „versteckte" Bar und das Restaurant präsentiertren sich als eine willkommene, unprätentiöse und unkomplizierte Variante der typischen Speakeasy-Bar: Die Unterwäsche, die vorn präsentiert wird, steht wirklich zum Verkauf, und wer sie hinten in der Bar trägt, bekommt Rabatt auf die Getränke.

„Wir wollten einen eleganten und trotzdem sexy Raum schaffen, in dem sich unsere Gäste so sicher und selbstbewusst fühlen, dass sie sogar Dessous tragen können, ohne Angst davor zu haben, dafür verurteilt zu werden", sagt die Besitzerin Debra Istwan, die aus dem Stadtbezirk stammt und das Dessous-Geschäft The Lingerie Shoppe sowie die Flüsterkneipe im hinteren Teil des Ladens – das Astoria's Secret – gegründet hat.

Der Dresscode hier sieht schicke Kleidung oder Dessous vor. Sweatshirts, Tanktops, Baseball-Kappen und Sport-Trikots sind ausdrücklich verboten. Freitags gibt es für Gäste, die in der Bar Dessous kaufen oder tragen, die ganze Nacht lang Happy Hour auf Getränke; Sonntag ist Karaoke-Tag und donnerstags finden meist Burlesque- und Kabarettshows statt. (An Showabenden müssen Gäste einen Mindestbetrag für Getränke/Trinkgeld bezahlen.)

Das Mindestalter für Männer beträgt 23 Jahre, für Frauen 21 Jahre; Gäste, die sich respektlos verhalten, werden aufgefordert, die Bar zu verlassen und erhalten Hausverbot. Die Stiletto-förmigen Stühle, eine pinkfarbene Leuchtreklame mit der Aufschrift „She's A Killer Queen" und riesige Teddybären, die auf den Sofas verteilt sind, verleihen der Bar die Atmosphäre eines gehobenen Nachtclubs – der perfekte Ort für Junggesellinnenabschiede und Geburtstagspartys.

Als sie das Geschäft und die dazugehörige Bar Ende 2019 eröffnete, träumte Istwan davon, „einen erotischen, eleganten und doch bodenständigen Ort" in ihrem Heimatbezirk zu schaffen – und genau dies ist ihr gelungen. Mehrere Tanztruppen sind hier ansässig und nennen die Bar ihr „Zuhause", die Mitarbeiter werden „Killer Queens" genannt, und Debra Istwan bewirtet am liebsten Gäste, die in ihrer Bar besondere Lebensereignisse feiern. „Es ist ein tolles Gefühl, wenn unsere Gäste besondere Anlässe wie Verlobungen und Geburtstage bei uns feiern", sagt sie.

Das mit Abstand teuerste Produkt auf der Speisekarte ist eine Flasche Wein für 38 US-Dollar, und von der nächsten U-Bahn-Station läuft man nur zehn Minuten bis zur Bar – und doch: das Astoria's Secret ist so Instagram-würdig und hip wie viele andere Lokale in Manhattan, ohne dabei elitär zu sein.

GOVINDA'S VEGETARIAN LUNCH

Vegetarische Köstlichkeiten der
Hare-Krishna-Bewegung

305 Schermerhorn Street, Brooklyn, NY 11217
718-875-6217 – radhagovindanyc.com/govindas
Montag bis Freitag 12–15.30 Uhr
U-Bahn-Linien A-/C- und G-Train/Hoyt–Schermerhorn St
Preiswert

Am Nordrand des Stadtviertels Boerum Hill in Brooklyn steht ein großer Hare-Krishna-Tempel, der – umgeben von billigen Pizzaläden und Sozialämtern – in diesem Bezirk wie ein Fremdkörper wirkt. Von außen sieht man nicht, dass sich im Inneren des Tempels eine vegetarische Mittagskantine befindet: ein Ort in der Neighborhood (die Stadtviertel bzw. Stadtteile innerhalb der fünf Stadtbezirke New Yorks werden so genannt), der in Reiseführern unerwähnt bleibt (die meisten Touristen würden sich ohnehin nicht für ein so bescheidenes, unscheinbares Lokal interessieren).

Doch für Hinduisten, Anwohner und Büroangestellte ist das Govinda's ein wunderbarer Ort, um ein preiswertes, gesundes und leckeres vegetarisches Mittagessen zu genießen, das den Hare-Krishna-Prinzipien der Gewaltlosigkeit und des Dienstes an Gott (Krishna) durch Vegetarismus entspricht. Für Passanten, die zufällig vorbeikommen, ist es ein Fenster zu einer kleinen religiösen Minderheit mit einer faszinierenden Geschichte.

Treten Sie ein und gehen Sie die Treppe hinunter in den Keller. Dort stehen auf dem in grellen Rot- und Grüntönen gemusterten Linoleumfußboden große runde Tische und Metallstühle. An einem Ende des Raums ist ein kleines Büfett aufgebaut (gegenüber dem Gemälde mit den hinduistischen Göttern). Das Lokal sieht aus, als sei es seit seiner Gründung im Jahr 1982 nicht mehr modernisiert worden.

Die Einrichtung hat ganz eindeutig keine Priorität, aber deshalb sind Sie ja auch nicht hier. Sie sind wegen der hausgemachten Samosas, gebratenen Zucchini, dem Tofu und den Quinoa-Salaten hier. Die Speisekarte wechselt täglich, und die Köche servieren nur frische vegetarische Gerichte – sowohl indische als auch kontinentale Speisen. Ein Teller mit drei Gerichten nach Wahl vom Büfett kostet sechs US-Dollar und wird Sie richtig schön satt machen; der Erlös kommt dem Tempel zugute.

Die Hare-Krishna-Bewegung kam 1965 in die USA, als der damals 69-jährige A. C. Bhaktivedanta Swami Prabhupada (1896–1977) mit einem Frachtschiff in Boston eintraf, um die Botschaft von Lord Krishna in der westlichen Welt zu verbreiten. Er war von seinem spirituellen Meister im Heiligen Land Vrindavan (einem Pilgerort in Nordindien) entsandt worden und hatte nur sieben US-Dollar Kleingeld und einen Koffer mit Büchern über Krishna dabei. Swami Prabhupada hielt Vorträge in Yogastudios, christlichen Vereinen und Künstlerlofts; er saß oft in Parks, wo er auf seiner Bongo-Trommel spielte, den heiligen Namen Krishnas sang und Bekehrte um sich versammelte, die an seine Lehren glaubten.

Das Govinda's steht seit sechs Jahren im Dienst der Gemeinde. Vorher servierten die Mitarbeiter ihre Speisen nur nach den Gottesdiensten, bei denen sich Hare-Krishna-Anhänger versammelten, um das Maha-Mantra zu singen. Heute ist jeder Gast willkommen.

GLASSERIE

Vom Bauernhof direkt auf den Tisch: Ein Farm-to-Table-Restaurant in einer ehemaligen Glasfabrik

95 Commercial Street, Brooklyn 11222
718-389-0640 – glasserienyc.com
Montag bis Freitag 17.30–23.30 Uhr; Samstag und Sonntag 10–23 Uhr
U-Bahn-Linie G-Train/Greenpoint Av
Mittleres Preissegment

In diesem höhlenartigen Gebäude am nördlichsten Zipfel von Brooklyn befand sich einst die Glasfabrik Gleason-Tiebout. Es stand jahrelang leer, weil der Eigentümer sich weigerte, aus dieser einzigartigen ehemaligen Fabrik ein weiteres Feinkostrestaurant zu machen. Doch als ihm die in Brooklyn lebende Sarah Conklin erklärte, sie wolle das Gebäude originalgetreu restaurieren, war er von ihrem Projekt begeistert. „Als ich den Innenhof sah, war ich sofort Feuer und Flamme", sagt sie. Leider ist das Restaurant nicht gerade leicht zu finden – die meisten Gäste, die hierherkommen, müssen extra danach suchen. Der Eingang wird draußen nur von einem neongrünen „G" markiert.

Der Innenhof verbirgt sich im hinteren Teil des Gebäudes; er ist mit Kopfsteinen gepflastert und teilweise nach oben hin offen. Die Geschichte des Bauwerkes reicht viel weiter zurück, als das Eingangstor es vermuten lässt. Als der Komplex noch eine Glasfabrik war (von den 1880er- bis 1930er-Jahren), transportierten die Arbeiter ihre Waren durch den Innenhof zum Hinterausgang, der direkt zum Newtown Creek führt. Dort luden sie das Glas auf Boote, um es zu verschiffen. Heute befindet sich die riesige Brennofentür der Fabrik als Dekoration im Hof, und das originale Keramikbecken ist mit Pflanzen gefüllt. „Ich bin wirklich fasziniert von diesem Ort", sagt Conklin. „Das ist ein wahrer architektonischer Schatz."

Als sie die Eröffnung der Glasserie vorbereitete, verbrachte Conklin viele Monate mit aufwendigen Recherchen. Im Corning Museum im Norden des Landes fand sie historische Radierungen der Fabrikleuchten, die jetzt am Eingang hängen. Die Vintage-Pendelleuchten, Glühbirnen und geschliffenen Glaselemente verbreiten ein ganz eigenes Licht. Über der Bar hängen zwei Leuchten aus der Zeit um 1890, die aus Pariser U-Bahn-Stationen stammen und mit Art-déco-Details verziert sind. Überall im Raum verteilt stehen Kupferkannen aus dem Libanon und Saudi-Arabien, die Conklins Mutter ihr vererbt hat.

Conklin ist Halblibanesin und stellte fest, dass die arabische Küche in New York unterrepräsentiert war. Man kann jedoch nicht sagen, dass die Glasserie ausschließlich libanesische und orientalische Gerichte serviert. Die Speisekarte wechselt täglich und richtet sich danach, was die Bauernhöfe in der Umgebung von New York (und die Rooftop Farm Brooklyn Grange, ein sogenannter Community-Garden) gerade an frischem Gemüse oder Fleisch anzubieten haben. Der Schwerpunkt liegt auf saisonalen Produkten und frischen Zutaten. Der syrische Käse, bestrichen mit Za'atar, wird im Sommer mit Heirloom-Tomaten und im Winter mit eingelegten Rüben serviert. Die vielseitige Weinkarte bietet vor allem unbekannte Weine aus dem Mittelmeerraum, Slowenien und Kroatien. Einfache Getränke wie Gin Tonic erhalten durch die Zugabe von Safransirup eine neue verführerische Geschmacksnuance.

SAINT VITUS

Die versteckte Heavy-Metal-Bar in Brooklyn

1120 Manhattan Avenue, Brooklyn, NY 11222
saintvitusbar.com
Täglich 18–4 Uhr
U-Bahn-Station G-Train/Greenpoint Av
Preiswert

Von außen mag das Saint Vitus mit seiner einfachen schwarzen Metalltür etwas einschüchternd wirken – vor allem, wenn man abends herkommt und ein stämmiger Biker die Tür bewacht. Aber sobald man eintritt, findet man sich in einem warmen, gemütlichen Raum wieder. Rote Votivkerzen hüllen die ganze Bar in ein warmes Licht. Als Arty Shepherd (ein Musiker) und seine Partner (ehemalige Barkeeper im Matchless) sich diese Bar sicherten, machten sie sich daran, sie von Grund auf neu zu gestalten.

Das Gebäude war früher eine Klempnerschule und sollte nun mit allerlei sakralen Gegenständen ausgestattet werden. Wenn man nach oben schaut, fällt einem sofort das Buntglasfenster mit der Darstellung von Jesus am Kreuz ins Auge, das die Inhaber auf dem Brimfield-Antikflohmarkt in Massachusetts gefunden haben.

Arty Shepherd hat auch den schmiedeeisernen Votivkerzenständer mitgebracht, der ursprünglich in einer Kirche stand. Hinter der Bar, die aus Mahagoniholz gefertigt ist, werden Plattencover und andere Geschenke von Bands aufbewahrt, die hier aufgetreten sind. Die Spezialgetränke, bestehend aus Bier und Shots, tragen die Namen kirchlicher Würdenträger: The Priest, Bishop, El Cardenal und Pope (Papst). Im Schaufenster hängt ein auf dem Kopf stehendes Kreuz aus Klebeband, das eigentlich nur als Gag gedacht war, dann aber doch dort blieb, weil so viele Leute gerne Fotos damit machen.

„Diese Bar wurde von Barkeepern und Musikern geschaffen", sagt Shepherd. Die Inhaber haben die Bar sehr funktional gestaltet: Das Hinterzimmer gehört zu den Räumen mit der besten Akustik der Stadt. Unter der Woche finden hier fast jeden Abend Konzerte statt, zu denen Rock- und Heavy-Metal-Fans aus der ganzen Welt anreisen. Die Mitglieder der Band Nirvana – Dave Grohl und Krist Novoselic – gaben nach ihrer Ehrung bei der Rock Hall of Fame Ceremony im Barclays Center zusammen mit Joan Jett und Kim Gordon um zwei Uhr morgens ein geheimes Konzert im Saint Vitus. Grohl hinterließ ein signiertes Exemplar des Albums In Utero, das die Besitzer stolz hinter der Bar präsentieren. Solche geheimen Konzerte finden oft statt und werden erst am Tag der Show bekannt gegeben, um die Besucherzahlen unter Kontrolle zu halten. Aber jeder kann jederzeit im Saint Vitus vorbeikommen, um etwas zu trinken und die Atmosphäre auf sich wirken zu lassen.

WEATHER UP

Klassische Cocktails und U-Bahn-Fliesen

589 Vanderbilt Avenue, Brooklyn, NY 11238
212-766-3202
weatherupnyc.com
Täglich 17.30–4 Uhr
Bahnlinien 2-, 3- und 4-Train/Bergen St
Mittleres Preissegment

Wäre die Fassade nicht von strahlend weißen U-Bahn-Fliesen bedeckt, würde sich wahrscheinlich kaum jemand Gedanken darüber machen, was sich hinter der Tür dieser kleinen Bar an der belebten Vanderbilt Avenue verbirgt. Traut man sich hinter den Samtvorhang, landet man in einer Bar, die wie ein leuchtendes kleines Schmuckkästchen aussieht. Die weißen U-Bahn-Fliesen setzen sich überraschenderweise auch im Inneren fort: Sie überziehen die gesamte Decke der Bar – genau wie in der Pariser Métro. Doch im Gegensatz zu einer schmuddeligen U-Bahn-Station ist das Lokal mit dunklem Holz, braunem Leder, einer Kupferbar und Marmortischen ausgestattet. Die vordere Ecke schmückt ein Wandbehang, der aus einem alten Klavier gefertigt wurde. Über der Bar hängen maßgefertigte Leuchten aus dünnen Steinplatten, und kleine Votivkerzen hüllen den Raum in warmes Licht.

Die gebürtige Britin Kathryn Weatherup arbeitet seit ihrem 14. Lebensjahr in der Gastronomie. Nach ihrem Architekturstudium landete sie zunächst als Barkeeperin in Paris; später wanderte sie nach New York aus. Die Anklänge an Pariser Design sind also wahrscheinlich kein Zufall. Dort lernte sie den Designer Matthew Maddy kennen, der für das Interieur des Weather Up verantwortlich ist: Er verwandelte das Gebäude von einer verfallenen Gospelkirche in eine ganz andere Art von Kultbau. Obwohl Weatherup schon jahrelang in Bars und Restaurants gearbeitet hatte, wurde sie erst vom Cocktail-Fieber gepackt, als sie in der legendären Bar Milk & Honey einen echten Martini probierte. Vom nicht minder legendären Gründer dieser Bar, Sasha Petraske, und dessen Rückbesinnung auf die alte Schule der klassischen Cocktailzubereitung inspiriert, eröffnete sie nun diese kleine Bar in der Nähe des Prospect Park.

Die Mitarbeiter wurden von Sasha Petraske ausgebildet – und das merkt man. Hinter der Bar liegen Orangen, Zitronen und Limetten in Drahtkörben und warten darauf, gepresst und mit Spirituosen und Amaros (Likören) gemischt zu werden. Die kurze, aber anspruchsvolle Cocktailkarte bietet zehn Getränke – Abwandlungen von Klassikern –, doch die Barkeeper des Weather Up haben das gesamte Repertoire der klassischen Cocktails auf Lager. Bestellen Sie einen Vieux Carré (Roggen, Cognac, Wermut, Bénédictine, Bitter und Zitrone): Sie werden nicht enttäuscht sein. Probieren Sie den Sir & Madam (Gin, Grapefruitsaft, Zitronensaft, einfacher Sirup, Peychaud's Bitters und Meersalz) – und Sie haben vielleicht Ihr neues Lieblingsgetränk gefunden. Wer Lust auf etwas Stärkeres hat, kann den Absinth-Brunnen an der Bar aufsuchen – Sie wären nicht die Ersten, die beständig aus diesem schier unerschöpflichen Quell schöpfen. Die Barkeeper, wie zum Beispiel Ben Curtis, sind unglaublich sachkundig und freundlich.

KELLER DES ST. MAZIE BAR & SUPPER CLUB

In einem Spukkeller speisen

345 Grand Street, Brooklyn, NY 11211
718-384-4807
stmazie.com
Täglich 18–1 Uhr
U-Bahn-Linien L und G Train/Lorimer/Metropolitan
Mittleres Preissegment

Das St. Mazie Bar & Supper Club befindet sich in eher obskurer Lage am Rand der Grand Street im Stadtteil Williamsburg. Aber der Weg hierher lohnt sich! Beim Betreten der Bar wird man von Cafétischen aus Marmor und hübsch drapierten Topfpalmen empfangen. Die Holzdecke erinnert an eine geschwungene Schiffswand und verfügt über rotierende Deckenventilatoren. Hinter der Bar steht ein Originalkühlschrank aus den 1920er-Jahren, der aus einem buddhistischen Kloster im Norden des Landes stammt.

Im hinteren Bereich der Bar, der aussieht wie ein alter Eisenbahnwaggon, stehen Tische mit Rohrstühlen und eine lange, geschwungene Lederbank, die von Holzpaneelen (die aus einem Gerichtsgebäude stammen) gesäumt ist. Über der Bank hängt ein antikes Schild mit der Aufschrift „Uptown Local Trains". Auf einer kleinen Bühne in der Ecke, neben der ein Klavier steht, werden an wechselnden Wochentagen Gypsy Jazz, Swing und Flamenco gespielt.

Alle Details wurden von John McCormick sorgfältig ausgewählt. Er war bereits an der Gestaltung mehrerer Vintage-inspirierter Stammlokale des Stadtbezirks beteiligt, zum Beispiel des Maison Premiere, des Five Leaves, der No Name Bar und seines eigenen Café Moto (das er zusammen mit Bill Phelps betreibt). John McCormick taufte diese Bar St. Mazie zu Ehren einer alten Dame namens Mazie, die sich um die Säufer in der Bowery (geschichtsträchtige Straße im Süden von Manhattan) kümmerte – und über die der Journalist Joseph Mitchell 1940 im New Yorker berichtete.

Man kann es sich mit einem Cocktail wie dem Gypsy (Gin, Dolin Blanc und Maraschino-Likör) und einer Austernplatte auf der Eckbank gemütlich machen, aber dann verpasst man den eigentlichen Spaß im Erdgeschoss: Eine leicht zu übersehende Tür gegenüber der Bar mündet in eine Treppe, die hinunter in den Keller führt – und dort unten fühlt man sich wirklich wie in eine andere Zeit versetzt.

Der sanft beleuchtete, niedrige Raum wurde in den 1880er-Jahren von italienischen Steinmetzen aus dem Felsen gehauen und während der Prohibition als Speakeasy (Flüsterkneipe) und Spielhölle genutzt. Mit den antiken Porträts an den Steinwänden, den groben Holztischen und einer kleinen Bar in der Ecke wirkt der Raum wie ein Weinkeller aus längst vergangenen Zeiten – ein wenig so wie die alten feuchten Bars im Pariser Quartier Latin. Wenn man hier steht und die Klänge der Django-Reinhardt-Gitarre durch die Holzbalken oben schallen hört, spürt man die verbotene Vorfreude, die die Leute verspürt haben müssen, die einst hierherkamen, um illegal zu trinken. Dieses Viertel war damals ein Arbeiterviertel, in dem Italiener und osteuropäische Juden lebten. Heute behaupten die Besitzer der Bar, dass es in dem Keller spukt.

HOTEL DELMANO

Kultivierte Eleganz im alten Stil in Williamsburg

82 Berry Street, Brooklyn, NY 11211
718-387 1945
hoteldelmano.com
Montag bis Donnerstag 17–2 Uhr; Freitag 17–3 Uhr; Samstag 14–3 Uhr;
Sonntag 14–2 Uhr
Bahnlinie L-Train/Bedford Av
Mittleres Preissegment

Lassen Sie sich vom Namen nicht täuschen – das Hotel Delmano ist kein Hotel, obwohl die Inhaber Michael Smart, Alyssa Abeyta und Zeb Stuart sich von alten Bars in Hotellobbys inspirieren ließen.

Als sie eine Option auf diese exklusiven Räume an der Ecke North 9th und Berry Street hatten, ergriffen sie die Chance, um dort eine Bar zu eröffnen, in der auch sie selbst gerne abhängen würden. Als sie 2001 ihre Retro-Bar bzw. das Musiklokal Union Pool eröffneten, waren die Bars in Williamsburg auf ein junges, ausgelassenes Publikum ausgerichtet. „Ich habe immer gescherzt, dass Leute, die im Union Pool graduiert haben, zu uns ins Hotel Delmano kommen", sagt Abeyta. Leider ist es nicht ganz leicht, die Bar zu finden. Der Eingang in der Berry Street ist abgesperrt, sodass es so aussieht, als wäre dort nichts. Der eigentliche Eingang des Hotel Delmano liegt um die Ecke in der North 9th Street.

Der Name „Delmano" ist eine Ableitung von della mano (italienisch für „von Hand"). Die Inhaber renovierten die Räumlichkeiten im Laufe eines Jahres. Sie entfernten die Tapeten und legten den Originalputz frei, um ihn zu versiegeln. Michael Smart baute die Bar und die Bistrotische aus Marmor und einen Teil des Mobiliars. Sie besorgten antike Kronleuchter, Schwarz-Weiß-Fotos und ein originales Ölgemälde aus dem 19. Jahrhundert. Ein paar Räume im hinteren Teil der Bar sind mit gemütlichen Sitzbänken und antiken Porträts ausgestattet.

„Wir haben einen Ort geschaffen, an den man sich selbst entführen kann, wenn man der Realität entfliehen will", sagt Smart. In der Tat wird es Einheimischen und Ortsfremden hier gleichermaßen leicht gemacht, sich wie in einer anderen Welt und doch vertraut und wohl zu fühlen. Es gibt viele Produkte von lokalen Anbietern: Gin von Greenhook Ginsmiths, Käse von Murray's und geräucherten Fisch von Acme. Die Weinkarte soll überraschen, indem sie statt konventionellen Weinen edle Tropfen kleiner Weingüter in den Vordergrund stellt. Eine persönliche Leidenschaft von Chefsommelier Alex Alan, der in Spanien gelebt hat, ist Sherry. Er hat jede Menge Empfehlungen auf Lager und hilft Ihnen gerne bei der Auswahl aus den zwölf Sherrys, die glasweise ausgeschenkt werden.

Die Haus- und Saison-Cocktails sind ausgezeichnet. Zusammen mit dem Barpersonal kreiert der Chef-Barkeeper immer wieder neue Cocktail-Rezepte. Sie arbeiten zusammen, perfektionieren ihre Rezepte und stellen sie den Inhabern vor. Manche Gäste kommen in die Bar, um einen Cocktail zu trinken, den sie hier früher einmal hatten, zum Beispiel ein tolles Gebräu mit Vanille, Apfel und Zimt. Die Barkeeper können sich fast immer an diese Cocktails erinnern und sie nachmixen, auch wenn sie nicht mehr auf der Karte stehen.

MEXICO 2000 BODEGA

Taco-Bar in einer Bodega

367 Broadway, Brooklyn, NY 11211
718-782-3797
Täglich 8.30–22.30 Uhr
Bahnlinien J- und M-Train/Hewes St
Preiswert

Mexico 2000 ist eine winzige Bodega in South Williamsburg; sie befindet sich unter den Hochbahngleisen der Zuglinien J-M-Z, nach denen sich der Rapper Jay-Z benannt hat. Seinen Namen hat das Mexico 2000 einfach aus dem Grund, weil es im Jahr 2000 eröffnet wurde. Aber das Lokal ist mehr als eine typische Bodega im Kiez: Im hinteren Bereich werden Tacos und andere mexikanische Gerichte serviert, außerdem gehört das Mexico 2000 zu den wenigen Bodegas, in denen man auch etwas trinken kann. Nehmen Sie sich eine Dose oder Flasche Bier aus dem Kühlschrank, der nur eine Armlänge von den wenigen Tischen entfernt steht. Es gibt viele mexikanische Importbiere wie Tecate, Modelo, Presidente und Pacifico, aber auch große Tallboy-Dosen von der Biermarke Pabst Blue Ribbon und dem RTD (ready to drink/Mixgetränk) Four Loko. Man kann mit Freunden herkommen oder sich zu den Stammgästen an die Tische setzen und Telenovelas auf dem kleinen Fernseher anschauen.

2012 gelangte das Mexico 2000 in der New Yorker Gourmetszene zu Ruhm, als Alex Stupak vom Restaurant Empellón ein Gericht kreierte, das von den Chilaquiles (mexikanisches Frühstücksgericht) der Bodega inspiriert war. Aber da gingen die Fans des Mexico 2000 schon seit vielen Jahren in die Bodega, um aus den klapprigen Regalen typische amerikanische und mexikanische Lebensmittel wie Kochbananen-Chips, Hefezöpfe und Konserven, aber auch Lottoscheine und Toilettenpapier zu holen und im hinteren Bereich des Lokals preiswertes, authentisches mexikanisches Essen zu genießen.

Neben den berühmten Chilaquiles gibt es auch Tacos, Burritos, Chimichangas, Tortas, Huaraches, Sopes, Enchiladas, Tostadas und vieles mehr sowie Suppen und Eintöpfe, die gerne von den Mitarbeitern empfohlen werden und nicht auf der Speisekarte stehen.

Interessant am Mexico 2000 ist auch seine Lage: Es liegt direkt an der Grenze zu drei gänzlich verschiedenen Stadtvierteln: dem chassidisch-jüdischen Viertel südlich des Broadways, den immer näher rückenden Yuppies aus dem Norden und der bestehenden spanischen Gemeinde. Das bedeutet, die Kundschaft des Mexico 2000 repräsentiert einen kleinen Ausschnitt der immensen Vielfalt von New York. Vielleicht trifft man hier auch Musiker aus einem der Kellerstudios, die sich unter den graffitibeschmierten Gebäuden auf der anderen Straßenseite befinden.

In South Williamsburg hat das Mexico 2000 jetzt sogar zwei Standorte im selben Block. Weil die winzige Bodega so erfolgreich ist, eröffneten die Inhaber zwei Türen weiter in einem lange Zeit leerstehenden Raum (der einst ein skurriles Nagelstudio beherbergte) ein schickes Restaurant. Die Taqueria der winzigen Bodega ist jedoch weiterhin geöffnet. Die Einwohner Brooklyns sollten dankbar sein: Alles, was in New York noch einheimisch und regional ist, sei es auch ein winziges Lokal wie das Mexico 2000, sollte unterstützt und erhalten werden.

DIE KELLERBAR DES *WYTHE HOTEL*

Eine versteckte Bar im berühmtesten Hotel Brooklyns

80 Wythe Avenue, Brooklyn, NY 11249
718-460-8000
wythehotel.com
Geöffnet für Special Events
Bahnlinie L-Train/Bedford Av
Mittleres Preissegment

Die Eröffnung des *Wythe Hotel* im Jahr 2012 war ein großer Tag für Williamsburg – manche würden sogar sagen, ein Wendepunkt. Das ehemalige Industrieviertel am Ufer von Brooklyn hatte bereits seit etwa zehn Jahren den Ruf erlangt, der nächste aufstrebende Stadtteil New Yorks zu sein. Aber die Eröffnung dieses Luxushotels machte Williamsburg zu einem ebenso begehrten Ziel wie Manhattan. Zudem wurde die ehemalige Böttcherei (erbaut 1901) mit großem Einfühlungsvermögen für das typische Brooklyn restauriert: Die Fassaden des Gebäudes wurden beibehalten und man verwendete Materialien, die im Rahmen des Umbauprozesses zurückgewonnen wurden. Für das Design der Gästezimmer wurden eigens angefertigte Brooklyn-Toile-Tapeten – eine freche Interpretation der traditionellen Toiles – entworfen, und lokale Künstler wie Steve „ESPO" Powers und Tom Fruin gestalteten die Wandbilder und das ikonische Hotelschild. Das Ergebnis ist ein durch und durch modernes Hotel mit siebzig Zimmern, das sein industrielles Erbe und den unkonventionell-künstlerischen Charakter des Stadtbezirks in Ehren hält.

Das *Wythe Hotel* wurde schnell zu einem Ort zum Sehen und Gesehenwerden – sowohl für Einheimische als auch für Touristen. Das Restaurant Reynard im Erdgeschoss (ein Projekt des bekannten Gastronomen Andrew Tarlow aus Brooklyn) ist wegen seiner gehobenen Farm-to-Table-Küche bei den Einheimischen sehr beliebt. Ides (die Bar auf dem Dach) bietet einen atemberaubenden Ausblick auf die Skyline von Manhattan; vor der Bar steht oft eine lange Schlange von Gästen, die auf Einlass warten.

Doch nur wenige, die im Reynard essen oder im Ides ihre Drinks genießen, wissen, dass es im Keller des Hotels eine noch weitaus exklusivere Bar gibt. Diese Bar hat keinen Namen und ist nur zu besonderen Anlässen geöffnet. Im Keller zeigt sich der historische Charakter des Hotels noch deutlicher. Die freigelegten Ziegelwände und gewölbten Decken vermitteln einem das Gefühl, im Lagerraum einer Böttcherei zu stehen – es fehlen nur noch die Holzfässer. Statt Fässern findet man hier jedoch Flaschen hinter der Bar, schwarze Ledersitzecken und Marmortische im Café-Stil vor.

Die kleine Kellerbar ist an den Kinosaal angeschlossen, in dem Filmfestivals und Privatveranstaltungen stattfinden. Der kleine, fensterlose Speisesaal im Keller – der mit freiliegenden Ziegelwänden, langen Holztischen und kleinen Kronleuchtern ausgestattet ist – bildet die Kulisse für die jährliche Halloween-Party des *Wythe Hotels*. Die Partygäste strömen oft bis hinüber in die angrenzende Bar. Es ist zwar nicht möglich, einfach von der Straße aus in die Bar zu gehen und einen Drink zu genießen, aber man kann den Raum jederzeit für Privatveranstaltungen mieten.

BATHTUB GIN

Versteckt hinter einem Coffee-Shop, aber längst kein Geheimtipp mehr

132 9th Avenue, New York, NY 10011
646-559-1671 – bathtubginnyc.com/
Täglich 18–2 Uhr; donnerstags, freitags und samstags 18–4 Uhr
Bahnlinien A-, C- und E-Train/14th St
Mittelpreisig bis teuer

Das Bathtub Gin ist – ebenso wie Beauty & Essex in der Lower East Side – eine versteckte Bar im Stadtviertel Chelsea, die sich den New Yorker Speakeasy-Trend zunutze macht. Sie wird von einer großen Restaurantgruppe betrieben, die es versteht, den Nagel auf den Kopf zu treffen. Man muss nicht unbedingt in genau diese Lokale gehen, um authentisches New-York-Flair zu erleben, aber es sind Orte, die dem Trend zur „versteckten Bar" entsprechen und sich gut für größere Gruppen eignen. Im Bathtub Gin gibt es Essen, eine vielseitige Getränkekarte, Bottle-Service, Live-Unterhaltung und jede Menge Platz – und: Die Bar ist gut versteckt.

Das Bathtub Gin befindet sich hinter einer versteckten Tür in der Stone Street Coffee Company, einer Rösterei aus Brooklyn, die auch eine winzige Filiale in der 9th Avenue betreibt. Ab 18 Uhr füllt sich der Coffee-Shops vor allem mit Leuten, die auf einen Platz im Bathtub Gin warten. Reservierungen können über OpenTable vorgenommen werden; am Rand des Coffee-Shops warten eine Hostess, die die Gäste hereinlässt und Laufkundschaft empfängt, und ein Türsteher, der die Personalausweise kontrolliert.

Das Bathtub Gin ist groß und bietet viele verschiedene Sitzmöglichkeiten. Es gibt eine lange Bar, die mit Aperitifs und Bitterspirituosen bestückt ist; gegenüber sind Stehtische aufgereiht. Die Seitenwände des Hauptraumes säumen Sitzbänke und Sofas aus Samtdamast. In der Mitte des Raumes sind Stühle und Sofas zu kleinen Sitzgruppen angeordnet. Das Herzstück der Bar ist eine Kupferbadewanne mit Klauenfüßen, die sich perfekt zum Fotografieren (vor allem für Selfies) eignet.

Überhaupt bilden Badewannen – eine Anspielung auf die Zeit der Prohibition, als der Schnaps in Badewannen gebraut wurde – ein zentrales Designelement des Bathtub Gin. In den Toiletten dienen kleine Kupferbadewannen als Waschbecken, an der Bar steht eine Wanne, die als Eiskübel genutzt wird, und an der Decke befindet sich eine winzige Deko-Badewanne. Die Decke besteht natürlich aus Blech, die Böden sind mit unlackiertem Holz ausgelegt.

Neben den Cocktails auf der Getränkekarte (die nach Spirituosen-Sorten geordnet ist) gibt es auch Drinks mit dem hauseigenen, markengeschützten Small-Batch-Rum; er wurde in Zusammenarbeit mit Mount Gay Rum in Barbados entwickelt. Der Rum wird pur und auf Eis serviert. Die Speisekarte reicht von kleinen Gerichten bis hin zu größeren Speisen wie Ententconfit oder Kronfleisch. Wurst- und Käseplatten runden das Angebot ab; dazu kommen Desserts wie Schokoladentrüffel, Crème brûlée und Toast-your-own S'mores (Dessert aus Schokolade und Marshmallows). Das teuerste Produkt auf der Speisekarte ist eine Flasche Hennessy-XO-Cognac für 1.075 US-Dollar.

THE HIDEOUT

Eine urige schottische Hütte auf dem Dach des
McKittrick Hotel

542 West 27th Street, New York, NY 10001
212-564-1662 – mckittrickhotel.com/#GallowGreen
Montag bis Freitag 17 Uhr bis open end; Samstag & Sonntag 16–1 Uhr
Bahnlinien C- & E-Train/23rd St
Mittleres Preissegment

Nur wenige Orte in New York sind eindrucksvoller als das *McKittrick Hotel*, das sich unter der High Line in Chelsea verbirgt. Tatsächlich ist das *McKittrick* gar kein Hotel: Es ist der Veranstaltungsort von *Sleep No More*, einem preisgekrönten interaktiven Theaterstück, das auf Shakespeares *Macbeth* basiert. Statt die Handlung auf der Bühne zu verfolgen, erhalten die Zuschauer bei den Vorführungen von *Sleep No More* zum Theaterstück passende Masken und werden dazu aufgefordert, durch das dunkle, höhlenartige Gebäude zu wandern, wo sich die Szenen des Stücks gleichzeitig in vielen verschiedenen Räumen abspielen. *Sleep No More* hat seit seiner Premiere im Jahr 2011 schon viele Zuschauer begeistert, aber die Theatershow ist bei Weitem nicht das Einzige, was das *McKittrick* zu bieten hat.

Keiner, der die Show besucht hat, hat das gesamte Gebäude gesehen – es ist fast 10.000 Quadratmeter groß und umfasst einhundert Räume.

Die Schöpfer des *McKittrick Hotel* machen es einem leicht, die Außenwelt hinter sich zu lassen und in Geheimnisse und Legenden einzutauchen. Neben dem Theaterstück *Sleep No More* gibt es noch viele weitere Möglichkeiten, das Gebäude zu erkunden. Man kann im Heath zu Abend speisen, in der Manderley Bar musikalische Darbietungen zu später Stunde genießen und – die größte Attraktion – die Dachbar Gallow Green besuchen. Im Frühling und Sommer wirkt die Dachterrasse wie ein verwunschener Garten aus der Provence um 1940. Von der Eingangstür bis zur Bar und zu den Sitzbereichen verlaufen Rundbögen, die mit Glyzinien bewachsen sind. Die zerschlissenen Spitzenvorhänge eines alten, leer stehenden Eisenbahnwaggons wehen im Wind. Die Leute sitzen an Vintage-Tischen und auf Holzbänken und schlürfen die hauseigenen McKittrick Mules.

Im Winter verwandelt sich das Gallow Green in die Bar The Hideout. Der warme, gemütliche Raum ist den schottischen Bothies nachempfunden – einfachen Hütten in den Bergen, in denen man kostenlos übernachten kann, sofern man sie dem nächsten Gast wieder sauber und ordentlich hinterlässt. The Hideout ist vollständig von Kiefern umringt und entführt den Gast mit Körper und Seele aus New York. Die Aufmachung des Hideout ist genauso theatralisch wie die Show Sleep No More – jedes Details ist durchdacht, selbst die Staubschicht, die am Eröffnungsabend auf dem Kaminsims lag.

Die Hütte verfügt über einige besondere Sitzgelegenheiten: abgenutzte Ledersessel, Polsterbänke und einen Schaukelstuhl mit Kuscheldecke vor dem Kamin. Von der Decke baumeln Trockenblumen und uralte Wandlampen, die warmes Licht verbreiten, während ein Jazzsänger ins Mikrofon schmachtet. Es gibt einen langen Gemeinschaftstisch, Etagenbetten, in denen Wärmflaschen und karierte Decken liegen, und ein separates Schlafzimmer mit Schreibtisch und Regalen, in denen alte, in Leder gebundene Bücher stehen.

Unter den Etagenbetten und in den Nachttischen stehen Heizgeräte, die für behagliches Hüttenflair sorgen. An den Wänden hängen Schwarz-Weiß-Fotos, an der Decke befindet sich eine alte Schottlandkarte, und in den Schubladen des Schreibtisches liegen handgeschriebene Briefe. Natürlich gibt es auch eine Bar: Sie verbirgt sich in der Ecke neben einem alten Porzellanwaschbecken. Schnappen Sie sich ein heißes Getränk, zum Beispiel einen dampfenden Becher Glühwein oder eine Camping-Tasse mit Zimt-Cider, und machen Sie es sich gemütlich. Und verpassen Sie nicht das Lagerfeuer auf der Außenterrasse und das prall mit Schafsfellen gefüllte (und wir meinen: prall gefüllte) Zelt in einer abgelegenen Ecke des Waldes.

NORWOOD

Nobler Kunstclub in einem Stadthaus in Chelsea

241 West 14th Street, New York, NY
212-255-9300
norwoodclub.com
Öffnungszeiten für Mitglieder: Montag bis Samstag 10–3 Uhr
Viele Veranstaltungen sind auch für Nichtmitglieder zugänglich
Bahnlinien A-, C-, E- und L-Train/14th St
Mittelpreisig bis teuer

In das Norwood, einen privaten Kunstclub, der sich in einem Stadthaus in Chelsea verbirgt, kommt man nicht so einfach hinein; aber wenn Sie eine Einladung ergattern können, sollten Sie unbedingt hingehen. Ein Geschäftsessen in der Lounge im Erdgeschoss ist ganz nett, aber so richtig interessant wird es hier erst nach Einbruch der Dunkelheit, wenn man sich wie Alice im Wunderland fühlt, die hinter Türen späht und Orte auskundschaftet, an die sie vermutlich nicht hingehört. Für Nichtmitglieder ist ganz genau das der Reiz des Norwood.

Dieses Stadthaus, das 1847 von dem angesehenen Kaufmann Andrew S. Norwood erbaute wurde, hat sich seine historischen Details bewahrt, zum Beispiel kunstvollen Kronenstuck, Mahagonitüren und Marmorkamine. Es ist im Nationalen Verzeichnis historischer Stätten aufgeführt. Trotz seines historischen Stammbaums ist das Norwood ein durch und durch moderner Club. Es hat 1.100 Mitglieder und bietet eine Vielzahl von Veranstaltungen, die von Supper-Clubs für Mitglieder über Liveshows bis hin zu Kunstvernissagen reichen.

Auch Nichtmitglieder können die Räumlichkeiten für Geschäftstreffen, Partys und Hochzeiten buchen. Die Mitglieder tragen sich beim Betreten des Clubs in das Gästebuch ein; Gäste von Mitgliedern melden sich bei der Empfangsdame unterhalb der Treppe im Eingangsbereich an. Einmal drinnen, können die Gäste den Club frei erkunden. Das Stadthaus erstreckt sich über sechs Etagen, und jede von ihnen ist ausgefallener als die andere. Die verschiedenen Salons, Lounges und Speiseräume wurden von Eigentümer Alan Linn in Zusammenarbeit mit Simon Costin eingerichtet, einem Bühnenbildner, der bereits Modenschauen von Alexander McQueen inszenierte und dessen Kunstwerke regelmäßig in der *Vogue* erscheinen.

Los geht's in der Lounge im Erdgeschoss: Hier befindet sich eine mit fliegenden Vögeln bemalte Bar, über der ein filigraner schwarzer Kronleuchter aus Baumzweigen prangt. Steigen Sie die Treppe zum Speiseraum hinauf, der mit vornehmen roten Samtbänken, einer Bar mit ätherischer Glasinstallation an der Decke sowie Werken von Damien Hirst und anderen Künstlern ausgestattet ist. Eine Etage höher befindet sich der Salon mit seinem bunten Rock'n'Roll-Flair. Die große Bar scheint auf drei Seiten von einem gobelinartigen Banner eingerahmt zu sein. Man kann einen Tanqueray Gin Tonic bestellen, sich auf einem der gemütlichen Sofas niederlassen und die Gemälde und Fotografien bestaunen, die von Mitgliedern und Künstlern wie Andy Warhol und Basquiat stammen. Im obersten Stockwerk befindet sich der Kinosaal, ein (im Vergleich zu den anderen Räumlichkeiten) eher schlichter Raum. Im Erdgeschoss führt eine versteckte Tür in den Keller hinab, wo sich ein privater Speiseraum mit Pferde-Dekoration befindet, der einen intimen Rahmen für Abendessen bietet.

RAINES LAW ROOM

Klassische Cocktails in einem viktorianischen Salon

48 West 17th Street, New York, NY – raineslawroom.com
Montag bis Mittwoch 17–2 Uhr; Donnerstag bis Samstag 17–3 Uhr, Sonntag
20–1 Uhr
Bahnlinien 1, 2, 3, F und M Train/14th St – Mittleres Preissegment

Man kann nicht einfach die Tür öffnen und den *Raines Law Room* besuchen. Wie in den Flüsterkneipen der Prohibitionszeit müssen Sie an der Tür klingeln und warten, bis Sie empfangen werden. Ein Mann, der verdächtig nach einem Butler aussieht, wird Sie bitten, ihm Ihren Mantel zu übergeben. Sodann wird er Sie durch die schweren Samtvorhänge in den Salon führen – denn genau so sieht dieser Raum aus. Die mit getufteten Velours-Sofas, Damast-Tapeten, einem Kamin, antiken Spiegeln und goldgerahmten Vintage-Bildern ausgestattete Bar

wirkt wie ein echter viktorianischer Salon. In so einer Umgebung führt man gerne Gespräche oder verbringt romantische Zeit zu zweit.

Raines Law Room ist eine kultivierte Bar, aber das bedeutet nicht, dass man hier keinen Spaß haben kann. Wenn Sie die ledergebundene Speisekarte aufschlagen, erfahren Sie gleich auf den ersten Seiten die Geschichte des „Raines Law": Das Gesetz, das 1896 verabschiedet wurde, untersagte den Verkauf von Alkohol an Sonntagen – außer in Hotels. Alles, was man brauchte, um ein Hotel zu eröffnen, waren ein paar schäbige Zimmer, die man über einer Kneipe vermieten konnte. Nach der Verabschiedung des Raines-Gesetzes schossen solche Hotels wie Pilze aus dem Boden. Obwohl sie eigentlich als Kneipen gedacht waren, entwickelten sich diese kleinen Hotels bald zu Brutstätten der Prostitution und anderer gesellschaftlicher Übel. Der Name der Cocktailbar ist eine gewagte Anspielung auf das Raines Law.

Die Cocktails wurden nach dem Vorbild des Milk & Honey entwickelt. Die heutige Partnerin und Chef-Barkeeperin Meaghan Dorman besuchte gern die damals neu eröffneten Bars Milk & Honey, Little Branch und Death & Company. Sie arbeitete zu dieser Zeit in einem Restaurant in Harlem, war aber auf der Suche nach einem Ort, an dem sie sich mehr zu Hause fühlen konnte.

Michael McIlroy hat vor der Eröffnung des Raines Law Room sämtliche Mitarbeiter der Bar ausgebildet. Das Raines Law Room hat alle Merkmale einer guten Cocktailbar: eine große Auswahl an Spirituosen, Amari (Liköre) und Sirups, frisches Obst und Kräuter sowie riesige Eiswürfel, die die Drinks nicht zu sehr verwässern. Die Aufgabe, den Raines Law Room so zu führen, dass er sich von seinen Vorgängern unterscheidet, wurde weitgehend Meaghan Dorman übertragen. Sie erstellte eine Cocktailkarte, welche die Getränke nach ihren Eigenschaften gruppiert („geschüttelt und erfrischend", „gerührt und stark", „ein Hauch von Würze" und „Spritzgetränke"); eine Seite widmet sich den Cocktail-Empfehlungen der Barkeeper. Sie hofft, dass diese Aufteilung die Leute dazu bewegt, Spirituosen zu probieren, die sie vielleicht nicht so gut kennen, seien es Roggenwhisky, Cognac oder Pisco.

Die Bar, die sich hinter dem Salon befindet, sieht aus wie eine Küche: Sie ist ausgestattet mit einem großen Waschbecken, einem kleinen Kühlschrank und einer „Kochinsel", an der die Barkeeper die Getränke zubereiten. In den Glasvitrinen werden seltene und teure Spirituosen sowie zerbrechliche antike Gläser aufbewahrt. Obwohl es keine Barhocker gibt, sind immer viele Leute da, die mit den Barkeepern plaudern, so wie man sich auf einer Dinnerparty mit dem Gastgeber in der Küche unterhält. Zu guter Letzt: Man sollte unbedingt das Tapetendesign unter die Lupe nehmen – es ist nicht das, was es aus der Ferne zu sein scheint.

THE TIPPLER

Folgen Sie dem Neonschild, das „Open" verkündet

425 W 15th Street, Manhattan, 10011 – (917) 261-7949 – thetippler.com
Dienstag bis Donnerstag 17–24 Uhr; Freitag & Samstag 17–1 Uhr; Sonntag
geschlossen

Um diese Kneipe im weitläufigen Gebäudekomplex des Chelsea Market zu finden, muss man dem Neonschild folgen, das „Open" verkündet. Genauso wie der Markt, der sich eine Etage weiter oben erstreckt, sorgt auch das Tippler auf großartige Weise dafür, dass dieses

© Alix Piorun

Viertel, das zu den begehrtesten Immobilienmärkten Manhattans gehört, hell, gemütlich und für jedermann zugänglich erscheint. Hier geben nicht selbstgefällige Highend-Architektur und aufwendige Cocktails den Ton an, sondern die Gäste sollen leckere Drinks genießen und eine gute Zeit nach der Arbeit verbringen. Und Ski fahren …

„Meine Frau und ich waren beide in Aspen (Colorado) Ski fahren, wo sich nach einem Tag auf der Piste alle in der hiesigen Bar trafen", sagt Inhaber Michael Barrett. „Wir fanden es toll zu sehen, wie Leute aus den unterschiedlichsten Gesellschaftsschichten dort zusammentrafen und sich den ganzen Abend lang amüsierten. Dies war unsere Inspiration für das Tippler."

Barrett hat den unterirdischen Spaßbunker selbst entworfen und alle Register gezogen, um der Bar eine authentische „NYC-Aura" zu verleihen. Um dies zu erreichen, beschloss er, etwas einzubauen, was seiner Meinung mehr als alles andere für das charakteristische New-York-Flair steht: einen Wasserturm.

„Wir haben Holz von einem abgerissenen Wasserturm in Brooklyn gefunden und die Bartheke samt Regalen aus recyceltem Wasserturmholz gebaut", sagt er. Auch Eisenbahnschienen von der High Line wurden im Tippler verarbeitet, das weder Reservierungen annimmt noch einen Dresscode hat. Dafür findet man am Eingang alte Zeitungskisten und einen seltsamen kleinen „Schrein" vor, und im hinteren Bereich des Lokals (in der Nähe der Toiletten) gibt's einen Fotoautomaten.

Ein spiegelverkehrtes Neonschild mit der Aufschrift „Wish you were here", ein engelhaftes Wandgemälde an der Decke, Barhocker in Hülle und Fülle und unzählige Teppiche vervollständigen den Backsteinlook à la „College für Erwachsene". Säulen, die mit hochwertigen Lichterketten umwickelt sind, runden die College-Ästhetik ab.

Die Karte ist ziemlich bierlastig, bietet aber auch eine Reihe von alkoholfreien Getränken, eine Auswahl an Hauscocktails und (nur) zwei Gerichte: gesalzene weiche Brezeln und Chips mit Salsa. Wer größeren Hunger hat, kann sich im Chelsea Market ein Stockwerk höher umschauen.

Wo der Oreo erfunden wurde

Eine weitere Anspielung auf die industrielle Vergangenheit New Yorks – dieses Mal bereits integriert – ist die Tatsache, dass die Räumlichkeiten des Tippler zum ehemaligen Fabrikkomplex der National Biscuit Company (Nabisco) gehören, der in den 1890er-Jahren erbaut und in den 1990er-Jahren saniert wurde. Hier, an diesem Ort, an dem sich heute Tech-Bros, Touristen und andere durstige Einwohner des Viertels treffen, wurde der Oreo-Keks erfunden.

LOULOU

Klingeln Sie am alten Coca-Cola-Automaten

176 8th Avenue, Manhattan, 10011
(212) 337-9577
lulounyc.com
Dienstag bis Sonntag 22.30–2 Uhr; Montags geschlossen

© Alix Piorun

Das französische Bistro im Erdgeschoss ist so etwas wie ein Ablenkungsmanöver auf der Suche nach dieser Kellerbar. Das blumengeschmückte Ecklokal trägt denselben Namen wie das darunter liegende Speakeasy (Flüsterkneipe), aber der unterirdische Raum ist keineswegs durch die Eingangstür des Bistros zu erreichen.

Um in das Speakeasy Loulou zu gelangen, muss man am Rand des Gebäudes entlang bis zu der roten Lampe gehen, unter der sich eine Nische mit einem alten Coca-Cola-Automaten befindet. Betätigen Sie nun die Klingel am Automaten: Wenn es 22 Uhr oder später ist, sollten Sie in Kürze eingelassen werden. Der Verkaufsautomat öffnet sich hin zu einer begrünten Treppe, die in eine superschicke ehemalige Küche im Kellergeschoss führt, die heute eine Bar mit Dschungeldekor ist.

„Die Geparden waren ein Zufall", sagt Mathias Van Leyden, der Miteigentümer der zwei Lokale im Erd- und Kellergeschoss. Der Dekorateur, der die Bar im Austausch gegen ein Darlehen und die gelegentliche Nutzung des Raumes gestaltete, erwarb zufällig einen ausgestopften Gepard. Daraus sind inzwischen drei ausgestopfte Geparden geworden. Zwei von ihnen tragen jetzt Hüte, die ihnen von Barbesuchern geschenkt wurden. Und zu allen drei Geparden gibt es inzwischen ausführliche erfundene Hintergrundgeschichten. Das inoffizielle Maskottchen des zweistöckigen Lokals sind jedoch nicht die Wildkatzen der Kellerbar in Chelsea, sondern ein Porträt von Leydens Rettungshund Loulou mit einem Zylinder auf dem Kopf.

Leyden wurde zur Eröffnung der zwei Lokale (die beide nach seinem Hund benannt sind) inspiriert, weil er nach zwei Jahrzehnten im New Yorker Nachtleben keine Lust mehr hatte, große Veranstaltungsorte zu betreiben. „Ich wollte eine kleinere Version von dem schaffen, was ich seit 20 Jahren tue", sagt er über das zweistöckige, exotische Ökosystem, das er in der 8th Avenue geschaffen hat.

Die Speisen, die oben serviert werden, kann man auch unten in der Bar bestellen (die Mitarbeiter nutzen die Personaltreppe, die von der Küche in den Keller führt). Als Snacks gibt es täglich Austern, Krabbencocktail und Wurstplatten sowie komplette Mahlzeiten wie Entenkeulen-Confit, Sandwich mit Gelbflossenthunfisch oder Hühnchen-Paillard. Die Kellerbar ist zur Brunch-Zeit geschlossen, aber im Hauptlokal kann man zwischen Eiern Benedikt, Räucherlachs und Croissant French Toast wählen.

Wer die Bar hinter dem geheimen Cola-Automaten entdeckt, kommt nicht nur in den Genuss von Getränken, sondern auch von gelegentlichen Cocktailkursen und Live-Musik. Auch die Gäste im Bistro können die Shows mitverfolgen – Leyden hat das Soundsystem so umgebaut, dass die Musik nach oben übertragen wird. „Das ist etwas Besonderes", sagt er lächelnd.

LA NOXE

Ein schicker Salon in der U-Bahn

315 7th Avenue, Manhattan, 10001
lanoxenyc.com
info@lanoxenyc.com
Montag bis Mittwoch 18–1 Uhr; Donnerstag bis Samstag 17–2 Uhr

© Alix Piorun

Dieses extrem unscheinbare Speakeasy in der U-Bahn New Yorks hatte schon mal eine Warteliste von 1.500 Personen. „Im Grunde veranstalten wir nächtliche Hauspartys in unserem unterirdischen Wohnzimmer in der 28th Street", sagt Gründer Jey Perie über die Atmosphäre des La Noxe, einer „diskreten, vornehmen, sexy" Bar, die er in einer U-Bahn-Station der Linie 1 in Chelsea betreibt.

Die 55 Quadratmeter große Bar hat zwei Eingänge: einen Eingang auf Straßenebene an der 7th Avenue und einen, der kurz vor dem Drehkreuz zur U-Bahn Gäste empfängt (er befindet sich unten am Ende der Treppe an der Südostecke unter der 28th Street). Freunde rieten Jey Perie zunächst davon ab, den Raum zu mieten, denn sie bezweifelten, dass er mit einem so kleinen „Loch" im New Yorker Untergrund Erfolg haben könnte.

Das La Noxe erhielt seine Schanklizenz genau an dem Tag im März 2020, an dem der Corona-Lockdown in New York ausgerufen wurde. Die folgenden 12 Monate verbrachte die Bar im Ungewissen – mal war sie mit Unterbrechungen geöffnet, dann teilweise geöffnet und dann wieder geschlossen. Im März 2021 schließlich löste ein virales TikTok-Video von der ungewöhnlichen Location einen Ansturm von Gästen aus, die das Reservierungssystem der Bar (die eigentlich nur Platz für 30 Personen bietet) komplett überschwemmten, sodass sie bis zum folgenden Jahr ausgebucht war.

Ein Grund für die lange Warteliste war Peries Entscheidung, den Raum nur zu 80 Prozent zu füllen, um den Reservierungsgästen und der gelegentlichen neugierigen Laufkundschaft ein wenig mehr Freiraum zu geben, wenn sie ihre Cocktails und kleinen Häppchen genießen. Diese Exklusivität scheint die Faszination der kleinen Kneipe an der U-Bahn-Treppe nur noch zu verstärken, denn viele Gäste versuchen immer wieder, sich spontan Zutritt zu verschaffen, so lange, bis es ihnen gelingt, einen Platz in dem winzigen Lokal zu ergattern.

Sowohl die Speisekarte als auch die Inneneinrichtung der Bar sind eindeutig von Peries französischen Wurzeln und seiner Zeit in Tokio und Barcelona inspiriert. Er hat die Bar sorgfältig ausgestattet: Jetzt stehen hier schwere Samtmöbel, die an die Größe der Kneipe angepasst wurden. Die Ecke unter dem einzigen Fenster – ein verglastes Sichtfenster, durch das man direkt auf die U-Bahn-Gleise blickt – ist mit Farnen, Büchern und einer Plattensammlung dekoriert. Die beleuchteten Wandflächen werfen ein sinnliches rotes Licht auf die Teppiche, geschwungenen Sitzbänke und vereinzelten runden Tische, die den Rest des Raumes füllen.

Im La Noxe waren bereits ein Friseurladen, eine Imbissstube, ein Musikstudio und ein Massagesalon untergebracht. Aber jetzt strotzt das Kellerlokal nur so von Plüschteppichen und prachtvollen Sesseln, sodass die Geister früherer Geschäfte sowie der Trubel und der Schmutz der U-Bahn völlig aus dem Blickfeld und in Vergessenheit geraten.

APOTHEKE

Speakeasy im Apothekenstil

9 Doyers Street, New York, NY 10013
212-406-0400
apothekenyc.com
Täglich 18.30–2 Uhr
Bahnlinien J, M, Q und Z Train/Canal St
Mittleres Preissegment

Die Flüsterkneipe befindet sich in einem Raum, in dem früher eine Karaoke- und Knödelbar untergebracht war. Das einzige Schild, das die Bar markiert, verkündet „Apotheke". Die durchweg vergitterten Fenster sind mit Medikamentengläsern gefüllt, und die imposante Tür aus europäischem Eichenholz ist mit einem kleinen Guckloch versehen. Im Inneren öffnet sich die Bar zu einem spektakulären Raum im historischen Stil. Der alte, von Porzellanfliesen durchbrochene Holzfußboden wurde aufwendig restauriert; bei der Renovierung wurde zudem die Originaldecke aus Blech entdeckt, die sich unter einer 60 Zentimeter dicken Schallisolierung verbarg.

Die Barkeeper tragen Laborkittel (außer am „Prohibitions-Mittwoch") und servieren an der beleuchteten Bar aus Carrara-Marmor saisonal wechselnde Speisen – die Küche folgt einem ganzheitlichen „Farm-to-Table"-Ansatz. Die Zutaten stammen von New Yorker „Green Markets", aus Bioläden, vom hauseigenen Dachgarten sowie von lokalen Märkten und Geschäften in Chinatown. Die Cocktailkarte ist in verschiedene Abschnitte unterteilt und nach medizinischen Heilmitteln wie Schmerzmitteln, Stimulanzien, Aphrodisiaka sowie nach stressabbauenden und euphorisierenden „Arzneien" geordnet – im Grunde also flüssige Rezepte. Außerdem gibt es Absinth, hausgemachte Cocktails im Krug und eine Auswahl an Weinen und Champagner. Da die Getränkekarte ständig weiterentwickelt wird, dürfen die Barkeeper regelmäßig neue Drinks kreieren, die dann auf die Karte gesetzt werden.

Überall in der Bar findet man Anspielungen auf die Pharmazie. Der Kronleuchter und die Lampen sind in Wirklichkeit mit Absinth gefüllte Laborgläser. Die antiken Medizinflaschen, die aus der ganzen Welt stammen, sind mit Arzneizutaten wie Phosphorsäure und Senfkörnern gefüllt. Das Wandmuster ist eine Anspielung auf das griechische Symbol für Medizin sowie auf die organische Chemie von Kräutern und Elixieren. Auch Anspielungen auf die Zeit der Prohibition gibt es reichlich – ein altes Alkoholdestilliergerät fungiert jetzt als Waschbeckenausguss, und in der Ecke steht eine Industriepresse für Zuckerrohr.

Vielleicht wird Ihnen auffallen, dass sich hinter den Polsterbänken mehrere Nischen und Bögen in der freigelegten Ziegelwand befinden. Dies waren einst die Fenster des Gebäudes; die untere Hälfte der Fensteröffnungen ist jetzt unter einer Erdauffüllung begraben. Dies vermittelt einen Eindruck davon, wie viel Land in Chinatown aufgeschüttet wurde und warum sich Gerüchte über versteckte Tunnel hartnäckig halten. Und tatsächlich: Gleich im Gebäude nebenan befindet sich der Eingang zu einem dieser Tunnel, der Anfang des 20. Jahrhunderts einigen Banden die Flucht ermöglichte.

ATTABOY

Das authentischste Speakeasy (Flüsterkneipe) New Yorks

134 Eldridge Street, New York, NY 10002
Täglich 18–4 Uhr
Bahnlinien B und D Train/Grand St
Mittleres Preissegment

Als Sasha Petraske das Milk & Honey in den Stadtteil Flatiron District verlegte, eröffneten zwei seiner Schützlinge, Michael McIlroy und Sam Ross, an der alten Location das Attaboy. Es handelt sich dabei um das wahrscheinlich authentischste Speakeasy in New York. Es gibt kein Telefon. Es gibt auch keine Website. Wenn man hergefunden hat, stehen an der Tür nur die Worte „AB 134. Bitte leise anklopfen". Neben der Tür befindet sich eine kleine Türklingel mit der Aufforderung „Ring Buzzer", als sei es eine ganz gewöhnliche Wohnung. Wenn Sie nach oben schauen, sehen Sie, dass sich über der Tür eine Überwachungskamera befindet.

Drinnen können der Wirt und die Barkeeper Sie auf einem kleinen Fernsehbildschirm hinter der Bar sehen, ohne sich auf das alte Guckloch aus der Prohibitionszeit verlassen zu müssen. Und diese Kamera sieht alles. Versuchen Sie nicht, die Tür zu öffnen, denn sie ist verschlossen. Sie müssen warten, bis der Wirt die Tür aufschwingt, Sie mustert und entscheidet, ob er Platz für Sie hat oder nicht. Das mag furchtbar überheblich wirken, aber einen so winzigen Raum darf man einfach nicht überfüllen.

Drinnen sieht das Lokal noch genauso aus wie zu der Zeit, als es noch Milk & Honey hieß. Der Innenraum ist etwa so breit wie ein Autoreisezug: Im vorderen Bereich steht die lange, schmale Bar, im hinteren Bereich befinden sich mehrere Sitznischen, die (wenn auch nur spärlich) von kugelförmigen Hängelampen beleuchtet werden. Das ganze Lokal bietet Platz für nur vierzig Personen; in den Nischen können maximal achtzehn Gäste sitzen. Die Wände bestehen aus freigelegtem Backstein. Das Fenster, das zur Straße hinausblickt, ist mattiert, sodass man von außen nicht reinschauen kann, aber von innen sieht man einen schwachen Lichteinfall und alte Beschriftungen.

Die Sitznischen bieten jede Menge Privatsphäre, sodass man sich ausschließlich auf die Leute konzentrieren kann, mit denen man hergekommen ist. Der beste Platz ist jedoch direkt bei den Barkeepern an der Bar. Es kann sich immer nur ein paar Barkeeper hinter die Theke quetschen, aber sie schaffen es, genug Cocktails zu mixen, zu rühren und zu schütteln, dass alle zufrieden sind.

Es gibt keine Getränkekarte, aber die Barkeeper haben ein umfangreiches Repertoire von klassischen Cocktails (und Variationen der Klassiker) in petto, die einfach jeden überraschen – egal, wie viele Drinks man schon ausprobiert hat und wie oft man schon da war. Wodka ist nicht im Angebot, aber wer das nicht weiß und danach fragt, wird höflich auf Gin verwiesen, und den gibt es in allen nur denkbaren Variationen. Der Diamond Fizz, eine Variante des klassischen Gin Fizz, wird aus Gin, Zitrone, schaumig geschlagenem Eiweiß und Champagner zubereitet.

PULQUERIA

Mexikanische Pulque-Bar in einem Keller in Chinatown

11 Doyers Street, New York, NY 10013
12-227-3099 – pulquerianyc.com
Montag bis Samstag 18–2 Uhr
Bahnlinien J, N, Q, Z und 6 Train/Canal St
Mittelpreisig bis teuer

Die meisten Restaurantschilder in der Doyers Street (der engen, kurvenreichen Straße in der Bowery, in der einst die Gangs von New York Hof hielten) sind in einer Mischung aus Chinesisch und Englisch beschriftet. Achten Sie auf die Tür mit dem himmelblau-weißen Zickzack-Muster neben dem Nom Wah Tea Parlor, einem der ältesten Dim-Sum-Lokale in Chinatown, das seit 1920 ununterbrochen in Betrieb ist.

Wenn Sie die Treppe hinuntergehen, finden Sie auf der linken Seite eine Bar und auf der rechten Seite einen Speiseraum vor. Wenn man das angenehm warme, sanft beleuchtete Restaurant mit seinen himmelblauen und weißen Fliesen, Kupfertischplatten und Grasmatten betritt, würde man nie vermuten, dass sich hier einst ein vietnamesisches Restaurant befand, das, wie auch die Bar nebenan, illegal betrieben wurde. „Alles wurde mit Kaugummi und Hühnerdraht zusammengehalten", erzählt uns der Barbesitzer Christopher Tierney. Er und seine Schwester Heather kauften die Räumlichkeiten und ließen sie fast zwei Jahre lang von Grund auf renovieren. Im Jahr 2011 eröffneten sie hier die Pulqueria – drei Jahre nach der Eröffnung der Apotheke, ihrer Cocktailbar im Apothekenstil der Jahrhundertwende, die nur zwei Türen weiter die Straße runter liegt.

Die beiden Bars (Pulqueria und Apotheke) haben die gleiche Kundschaft, aber damit enden die Gemeinsamkeiten auch schon. Als Chris und Heather beschlossen, die Pulqueria zu eröffnen, reisten sie nach Mexiko-Stadt, um sich dort inspirieren zu lassen, und brachten einige einzigartige Fundstücke mit. Wenn Sie sich umschauen, werden Sie in der Bar viele geometrische Formen, bunte Fliesen und Messingarmaturen entdecken. An der Decke hängen Grasmatten aus Mexiko, den Baldachin über der Bar zieren blaugrüne Federn, und als Raumtrenner fungieren Hohlblocksteine. Christopher Tierney hat Töpferwaren aus Mexiko mitgebracht, die Tische im Speiseraum mit Aztekenmotiven bemalt und ein altes Barschild aufgehängt, das er auf einem Straßenmarkt in Mexiko-Stadt gefunden hat.

Aber das Wichtigste, was das Geschwisterpaar aus Mexiko mitgebracht hat, war die Inspiration für die Getränkekarte. Das Restaurant hat seinen Namen von Pulque, einer Spirituose, die aus fermentiertem Agavennektar hergestellt wird. „Pulque ist älter als Tequila und stärker als Bier", erklärt Tierney. Schon die Azteken pflegten Pulque zu trinken, und heute wird das Getränk in Pulque-Bars in ganz Mexiko serviert – aber in New York ist Pulque extrem selten. Pur genossen, schmeckt er etwas sauer. Für mehr Geschmack sollte man die Curados probieren: Pulque gemischt mit Tequila oder Mezcal und frischen Früchten wie Mango, Tamarinde oder Kokosnuss. Die Curados passen gut zur Tapas-Auswahl, leichten Häppchen wie dem Ceviche-Thunfisch-Tostada, der mit Avocado, Chipotle-Mayo und knusprigen Zwiebeln serviert wird.

SAINT TUESDAY

Eine Jazz-Bar in der unteren Kelleretage des Walker Hotels

24 Cortlandt Alley, Manhattan, 10013
sainttuesday.com – sainttuesdaynyc@gmail.com
Täglich 18–2 Uhr

Die Bar Saint Tuesday liegt im Stadtteil Tribeca, in der berühmten Cortlandt Alley, eine der wenigen alten Gassen, die nach der Umsetzung des Commissioners' Plan von 1811 übrig geblieben sind. (Die Cortlandt Alley wird auch gerne als Filmkulisse hergenommen, Beispiele sind Men in Black, Law & Order, Gotham oder Crocodile Dundee …). Um in die Bar zu gelangen, muss man sich zunächst in das trendige *Walker Hotel* begeben; von dort führt eine so steile Hintertreppe in die Tiefe, dass man das Gefühl hat, man klettere zu Katakomben hinab. Sicher unten angelangt, wird man mit einer schicken Bar im Industrial Style belohnt.

Die Bar ist täglich geöffnet und jeden Abend gibt es Livemusik. Die Bands spielen etwas erhöht, in einer Nische vor längs gestreiftem Mauerwerk aus Ziegeln und Holz, was irgendwie witzig aussieht. Die Musik reicht von Zigeunerjazz bis zu brasilianischem Choro. Die Cocktailkarte sieht zwar recht übersichtlich aus, was aber nicht von Nachteil ist. Man legt einfach mehr Wert auf frische Zutaten als auf eine große Vielfalt. Neben Klassikern für 20 US-Dollar (Manhattan, Old Fashioned, Negroni) bekommt man dort auch anspruchsvolle alkoholische Varianten traditioneller Mischungen (gemixt aus Vintage-Spirituosen) und ein paar recht ungewöhnliche Cocktailversionen wie Glass House (Gin, Aperol, frische Zitrone, Gurke) und Leo Season (Tequila, frische Limette, Orange, Cayenne).

Es gibt eine Reihe von Hausregeln, die zwar nicht aggressiv durchgesetzt werden, aber dafür sorgen, dass man sich in dieser Bar beim Genießen der exklusiven Getränke jederzeit wohlfühlt.

So ist man angehalten, auf plumpes „Namedropping" zu verzichten. Lauter Streit oder das Anpöbeln von anderen Gästen wird sofort unterbunden. Vor allem sind die Gäste dazu aufgefordert, die Bar „zügig und respektvoll" zu verlassen, denn die Hotelgäste versuchen, oben zu schlafen. Dabei müssen die Gäste allerdings selber zusehen, wie sie die verschlungene Treppe wieder heil hinaufkommen.

Das Ambiente des Saint Tuesday soll an „das Flair einer Pariser Jazz-Höhle" erinnern – ein Flair, das aber „ganz und gar New York entspricht", ist Christopher Covey überzeugt, der für das Cocktailangebot der Bar verantwortlich ist. Die Bar sei zwar eine Jazz-Höhle, entspringe aber nicht dem Jazz-Zeitalter, fügt er hinzu. Er erklärt, dass er nicht versucht habe, diese populäre Epoche zu rekonstruieren, sondern sich an der „Titanic-Ära orientiert hat", da allerdings mehr an der Arbeiterklasse und einem rustikalen Stil. In Designelementen spiegelt sich das in einem Eiskasten (Ende 19. Jahrhundert) hinter der Bar und den Holzböden wider, die aus einer Scheune im Hinterland stammen.

Die Lage der Bar weit unterhalb der Straße passt vielleicht am besten zu Coveys Vision. Für die Gäste ist der Abstieg unter fahlem Neonlicht über eine renovierungsbedürftige Treppe gelinde gesagt irritierend.

RESTAURANTS IM DIAMOND DISTRIC

Über der größten Diamantenmeile der Welt

Taam Tov: 41 West 47th Street, 3rd floor
Montag bis Donnerstag 10–21 Uhr, Freitag 10 Uhr bis zum Beginn des Sabbat,
Sonntag 11–18 Uhr

El Rincon del Sabor: 74 West 47th Street, 4th floor
Montag bis Donnerstag 11–16 Uhr, Sonntag 11–15.30 Uhr

Bahnlinien B, D, F und M Train/Rockefeller Center
Mittleres Preissegment

Man schätzt, dass über 90 Prozent aller Diamanten, die in die USA importiert werden, über New York in Umlauf geraten – genauer gesagt ist es ein Block in der 47th Street. Zwischen den Straßenhändlern, die auf aggressive Weise nach Käufern und Verkäufern suchen, werben Männer für zwei Restaurants, die sich ebenfalls in diesem Block befinden: Taam Tov, das zentralasiatische Küche serviert, und El Rincon del Sabor, ein ecuadorianisches Restaurant – Lokale, die sich beide in den oberen Stockwerken verbergen. Das Speisenangebot ist auf die Hauptkundschaft dieser Restaurants ausgerichtet – die 23.000 Arbeiter, die in diesem Viertel ihren Lebensunterhalt verdienen. Das Diamantenviertel, das in den Jahren vor dem Zweiten Weltkrieg in Midtown entstand, gewann während des Zweiten Weltkrieges an Bedeutung, als zahlreiche jüdische Diamantenhändler nach New York flohen. In und über den Diamantengeschäften, die in den Erdgeschossen der Gebäude liegen, arbeiten vor allem Hispanics und Chinesen, die dort Juwelen einfassen und polieren.

Das Taam Tov befindet sich seit über zehn Jahren in der 47th Street und gehört einer Gruppe von Leuten aus Israel und Usbekistan. Um in das Restaurant zu gelangen, geht man zuerst eine schmale Treppe hinauf und durchquert den ersten und zweiten Stock. In der dritten Etage stößt man zunächst auf einen Lieferdienst, vor dem Boten auf die nächste Essenslieferung warten. Gleich am Ende des Flurs befindet sich der Eingang zum Restaurant. Die strikt koschere Küche hat ihre Wurzeln in Buchara (Usbekistan) und bietet Spezialitäten wie usbekisches Pilaw, Beef Stroganoff und Bakhsh. Außerdem gibt es Shish Kebab, Steaks, Lammkoteletts, traditionelle Suppen und zehn verschiedene Salate. Ein absolutes Muss ist Lepeshka, hausgemachtes usbekisches Brot, das zu Baba Ganoush gegessen wird. Das Essen ist köstlich – eine ausgewogene Mischung aus einfachen Zutaten mit viel Geschmack.

Das El Rincon del Sabor befindet sich im vierten Stock; ein leicht zu übersehendes Schild hoch über der Straße weist auf das Restaurant hin. Ein Besuch hier lohnt sich eher wegen des Essens als wegen der Atmosphäre: An der einfachen Theke werden die Eintöpfe des Tages feilgeboten; dahinter befindet sich eine kleine Küche. Es gibt nur neun Tische, und in der Mittagspause ist das Lokal prall gefüllt, denn es kommen ständig neue Kunden und Lieferaufträge rein. Die Speisekarte wechselt täglich und bietet eine traditionelle Mischung aus Reisgerichten, Schmor- und Grillfleisch, Krabben-Ceviche und gebratenem Fisch; die Gerichte sind zuerst in spanischer und anschließend in englischer Sprache aufgelistet.

Trotz ihrer spartanischen Einrichtungen sind sowohl das El Rincon del Sabor als auch das Taam Tov empfehlenswerte Restaurants für ein gemütliches Mittagessen. Beide Lokale haben eine versteckte Lage und sorgen dafür, dass das Essen im Diamond District weiterhin die einzigartige ethnische Vielfalt dieses Geschäftsviertels widerspiegelt.

SUNKEN HARBOR CLUB

Etwas komplett anderes

372 Fulton Street (2nd floor), Brooklyn, 11201
gageandtollner.com/sunken-harbor-club – info@sunkenharbor.club
Täglich 17 Uhr bis open end

V on 1879 bis 2004 bot das Lokal Gage & Tollner den Einwohnern
Brooklyns ein gehobenes Ambiente und galt inoffiziell als das

berühmteste Restaurant des Stadtbezirks. Dann, an einem feierlichen Valentinstag, servierte das Lokal nach 125 Jahren seine letzte Mahlzeit und tauchte in eine zwölfjährige Phase beständiger und unterschiedlicher „Inkarnationen" ein: Nach jahrelangen Renovierungsarbeiten und einer weiteren Verzögerung durch die Corona-Pandemie wurde das sagenumwobene Restaurant im Jahr 2021 unter seinem alten Namen wiedereröffnet – dieses Mal als Austern- und Kotelett-Restaurant mit einer separaten Bar in der Etage darüber.

Der Speiseraum stammt noch aus dem Gilded Age („Vergoldetes Zeitalter", Bezeichnung für die wirtschaftliche Blütezeit von ca. 1876 bis 1914). Mit der Renovierung des Erdgeschosses erhielt er seinen alten Glanz zurück – auch wortwörtlich: Wie einst im 19. Jahrhundert erhellen nun elektrifizierte Kronleuchter im Stil der Gaslicht-Ära den Raum. Das Interieur des Restaurants ist erst die dritte Innenausstattung (nach der New York Public Library und Grant's Tomb, dem General Grant National Memorial) in New York, die unter Denkmalschutz gestellt wurde.

Im oberen Stock wurde etwas völlig anderes geschaffen: eine geschmackvolle, aber sehr Tiki-lastige Bar mit dem Namen Sunken Harbor Club. Statt gewölbter Spiegel und goldener Tapeten gibt es hier rot gepolsterte Sitzecken, ein beleuchtetes Fenster hinter der Bar, in das eine Unterwasserszene integriert ist, sanftes Wellenrauschen als Hintergrundmusik und sieben handbemalte Esstische mit Vignettenmotiven aus einem niederländischen Werk des 18. Jahrhunderts, das sich seltenen Meerestieren widmet. Die Bar bietet – unabhängig vom Restaurant Gage & Tollner – eine eigene kleine Speisekarte. Sie reicht von Ramen und Klößchen bis hin zu Rippchen und frittiertem Salzkabeljau. Anders als das Restaurant im Erdgeschoss, das schon Monate im Voraus ausgebucht ist, nimmt der Sunken Harbor Club keine Reservierungen entgegen, und sowohl die Plätze an der Bar als auch die Tische werden nach dem Prinzip „Wer zuerst kommt, mahlt zuerst" vergeben. (Geschenkgutscheine sind in beiden Lokalen gültig.)

Die Cocktailkarte kann man am ehesten als Tiki-Südsee-orientiert bezeichnen, doch sie ist auch inspiriert von dem Autoren Charles H. Baker Jr., der im 20. Jahrhundert kulinarische Reiseberichte verfasste, von denen sich die Barkeeper des Sunken Harbor Club inspirieren ließen: Sie arbeiten mit molekularen Techniken wie der Hochdruck-Blitzinfusion von Spirituosen, forcierter Karbonisierung und Säureregulierung.

Bevor der Sunken Harbor Club im Restaurant Gage & Tollner seinen Anker auswarf, war er acht Jahre lang ein erfolgreiches nautisches Pop-up-Konzept in der Red Hook Bar (Fort Defiance). Beide Bars gehören einem gewissen St. John Frizell.

Um zum Sunken Harbor Club zu gelangen, müssen die Gäste das Restaurant im Erdgeschoss durchqueren.

DEATH & COMPANY

Innovative Cocktails in einer schummrigen „Höhle"

433 East 6th Street, New York, NY 10009
212-388-0882
deathandcompany.com
Sonntag bis Donnerstag 18–1 Uhr; Freitag und Samstag 18–2 Uhr
Bahnlinie F-Train/2nd Av
Mittleres Preissegment

Es gibt nur wenige Orte in New York, an denen Alkohol mehr zelebriert (und konsumiert) wird. Im Death & Company, einer kleinen Cocktailbar, die ausschließlich Sitzplätze bietet und versteckt in einer ruhigen Straße im East Village liegt, stehen über 200 Flaschen an der Bar. All diese Flaschen werden von hinten beleuchtet, so als würden sie im Scheinwerferlicht einer Bühne stehen. Abgesehen von der beleuchteten Bar und einigen Kerzen auf den Tischen ist es im Death & Company fast stockdunkel. Wenn man auf einer der niedrigen Polsterbänke sitzt, ist man völlig von Dunkelheit umhüllt und hat das Gefühl, die Außenwelt sei nur eine ferne Erinnerung. Bevor Sie die Bar besuchen können, müssen Sie dem Türsteher Ihren Namen und die Anzahl Ihrer Begleitpersonen nennen. Wenn Sie auf einen Tisch warten müssen, nimmt er Ihre Telefonnummer auf. Und man muss fast immer warten – manchmal eine Stunde oder länger.

Sie werden sich vielleicht fragen: Warum um alles in der Welt sollte jemand über eine Stunde auf einen Drink warten? Weil es im Death & Co. nicht nur ums Trinken geht. Ein Besuch in der Bar ist ein Erlebnis, und das beginnt in dem Moment, in dem man durch die Tür der Bar tritt. Sobald Sie drinnen sind und an einem der Tische Platz genommen haben, bringt einer der Kellner Ihnen ein Glas Wasser und die Getränkekarte – die eigentlich eher ein Buch ist, in dem mindestens fünfzig Cocktails aufgelistet sind, die man jederzeit bestellen kann. Wenn man sich schließlich für einen Cocktail entschieden hat, muss man damit rechnen, länger warten zu müssen, als es normalerweise der Fall wäre. Aber die Wartezeit lohnt sich! Die Cocktails von Death & Co. bestehen in der Regel aus vier bis fünf Zutaten – frisch gepressten Säften, seltenen Amaro-Likören, Spirituosen, Sirups und Aperitifs. Jedes Getränk wird nach einer speziellen Methode zubereitet (mit einem langen Metalllöffel gerührt, in einem Boston-Shaker geschüttelt, mit einem Hawthorne Strainer, einem speziellen Barsieb, passiert) und in einem Spezialglas serviert. Alle Rezepte wurden von den Inhabern und den Barkeepern, die ausgewiesene Cocktail-Spezialisten sind, sorgfältig geprüft, sodass man sich darauf verlassen kann, dass die Cocktails wirklich gut sind.

Dave Kaplan und Alex Day, die zwei Inhaber von Death & Company, haben sich schnell den Ruf erworben, zu den Besten der Branche zu gehören – ein Umstand, den sie, wie sie sagen, ihrem hervorragenden Team verdanken. Die besten Barkeeper New Yorks haben hier gearbeitet, und einige von ihnen leiten jetzt andere Elite-Bars. „Unsere besten Barkeeper sind unfassbar brillante Köpfe. Sie könnten alles machen", sagt Kaplan. „Sie sind hier, weil sie wirklich hier sein wollen. Jedes Mal, wenn sie neue Spirituosensorten bekommen, recherchieren sie deren Geschichte und Herkunft, womit sie üblicherweise kombiniert werden und wie sie auf bestimmte Verarbeitungsmethoden reagieren."

DECIBEL

Eine schummrige Sake-Bar im Untergrund

240 East 9th Street, New York, NY 10003
212-979-2733
sakebardecibel.com
Montag bis Samstag 18–3 Uhr; Sonntag 18–1 Uhr
Bahnlinie 6-Train/Astor Place
Preiswert

Diese kleine Sake-Bar ist nicht die Art von Lokal, die man beim nächtlichen Barhopping besucht, aber sie hat eine treue Anhängerschaft. Zuerst muss man jedoch den Eingang finden. Ein kleines Schild weist auf die Kellerbar hin, die sich am Ende einer dubios aussehenden Treppe befindet, die teils von einem schrägen Dach überspannt ist. Unten angelangt, muss man noch an dem japanischen Türsteher vorbeikommen, der ein Seil bewacht, das quer durch den Warteraum gespannt ist. „Treffen Sie sich hier mit Freunden?", wird er sich erkundigen, und Sie fragen sich, ob er vielleicht davon ausgeht, dass Sie reserviert haben. Aber nein, die Bar nimmt keine Reservierungen an. Sie müssen nur wissen, mit wie vielen Leuten Sie herkommen, damit die Mitarbeiter einen passenden Tisch für Sie finden können. Es gibt keine Stehplätze, wenn man also nicht besonders früh (oder spät) kommt, muss man wahrscheinlich warten.

Sobald man das Seil hinter sich gebracht hat, durchquert man einen kurzen Korridor und betritt einen dunklen Raum mit einer kleinen Bar, ein paar Sitzecken und einer Handvoll Tische. Hier und da blitzen Deko-Elemente wie die allgegenwärtige Maneki Neko (Glückskatze) auf. Große japanische Papierlaternen verbreiten einen warmen Schimmer und werfen Licht auf die Wände, die mit Graffiti-Botschaften früherer Gäste vollgekritzelt sind. Obwohl die Bar von Bon Yagi betrieben wird, dem auch das Sakagura gehört, hat sie ein komplett anderes Flair – sie erinnert eher an eine lasterhafte unterirdische „Trinkhöhle" in einer dunklen Gasse in Tokio, und ist sehr beliebt bei den Inhabern einiger schicker Cocktailbars in der Umgebung.

Die Bar hat fast hundert Sake-Sorten im Angebot, die in Preis und Qualität sehr unterschiedlich sind: Einige werden warm, andere gekühlt serviert. Außerdem gibt es japanisches Bier (Sapporo, Asahi usw.), Pflaumenwein, Shochu (eine durch Destillation gewonnenes alkoholisches Getränk mit einem leicht süßen, nussigen Geschmack) und seltene japanische Whiskysorten wie Yamazaki, der bei Barkeepern und Whiskykennern immer beliebter wird.

Es werden auch traditionelle japanische Bargerichte wie Sashimi, Shumai, Okonomiyaki, Udon und Soba serviert, die gut zum Alkohol passen und dafür sorgen, dass man nicht zu betrunken wird. Zurück auf der Straße wird man vielleicht überrascht sein, dass man sich nicht in Tokio, sondern im East Village befindet.

NUBLU

Nonkonformistisches Musikparadies und Club, in dem geheime Konzerte stattfinden

62 Avenue C, New York, NY 10009
347-529-5923
nublu.net
Bahnlinie F-Train/2nd Av
Mittleres Preissegment

Tagsüber sieht die Fassade des Nublu wie ein verriegeltes Schaufenster aus: Die Metallrollos sind immer geschlossen, außer an den Stellen, wo die Lamellen abgebrochen sind. Irgendwann zwischen 2013 und 2014 tauchten hier Street-Art-Künstler auf, die diesem ansonsten unauffälligen Stadtviertel in Alphabet City einen Farbtupfer verpassten. Das einzige Anzeichen dafür, dass sich hier eine Bar befindet, ist das kleine blaue Licht, das nachts den Eingang markiert. Drinnen jedoch herrscht Hochbetrieb, denn das Nublu hat sich zu einer Hochburg für stilübergreifende Improvisationsmusik entwickelt – und hier sind alle Genres vertreten!

Das Nublu begann seine Karriere im Jahr 2002 als einfaches Clubhaus, in dem der Eigentümer Ilhan Ersahin sich mit Freunden traf, um mit ihnen Musik zu machen. Ersahin, der selbst Keyboard und Saxophon spielt, beschreibt die Anfänge seiner Bar eher als „eine Art Proberaum". Er erwarb die Wein- und Bierlizenz, damit die Musiker während und zwischen den Jamsessions etwas trinken konnten, da die Bar immer für jedermann offen war. Das Nublu ist ein Hafen für Musiker, die am Anfang ihrer Karriere stehen. Aber auch berühmte Musiker wie Moby, Norah Jones und David Byrne kommen hierher, um geheime Konzerte zu geben oder die neuesten Sounds zu hören. Moby sagte einmal, es mache ihm mehr Spaß, im Nublu für 75 Leute Platten aufzulegen, als auf Tournee zu gehen und jeden Abend vor 10.000 Leuten aufzutreten. In der Bar sind manchmal sogar Weltstars wie Kevin Spacey anzutreffen – das Nublu ist ein Ort für Musik und Inspiration, ein Ort, an dem alle genau das tun können, worauf sie Lust haben. Neben den Leuten, die zwanglos an der Bar sitzen und trinken, tanzt vielleicht immer mal wieder jemand alleine vor sich hin, aber irgendwie passt alles wunderbar zusammen.

Doch das Nublu ist nicht nur ein Club: Es ist auch ein Plattenlabel, das 2005 gegründet wurde. Die Musik genau zu definieren, ist nicht ganz leicht, denn das Label bietet sehr vielschichtige Musik und hat seine Wurzeln in der Beat-Generation. Es gibt die rhythmische Tanzmusik der brasilianischen Gruppe Forro in the Dark, jazzigen Trip-Hop der langjährigen Band Wax Poetic (deren frühere Sängerin Norah Jones war), das experimentell orientierte Nublu Orchestra sowie Electronica-Künstler aus dem Raum New York und dem Ausland. Das jüngste Projekt des Labels ist das Nublu Jazz Festival, das abwechselnd in New York, Rio de Janeiro und Istanbul stattfindet.

An der Bar gibt es eine große Auswahl an Sake sowie Bier und Wein. Das Nublu wird demnächst ein Stück die Straße hinunter unter das Studio 151 ziehen (ein ziemlich verstecktes Tonstudio mit einer Bar, die ebenfalls von Ersahin betrieben wird). Die alten Räume bleiben in Ersahins Besitz, aber dort könnte etwas völlig anderes entstehen – ganz, wie man es von Ersahin erwartet: Zurzeit ist ein Sushi-Lokal angedacht.

PLEASE DON'T TELL

Durch eine alte Telefonzelle

113 St. Mark's Place, New York, NY 10009
212-614-0386 – pdtnyc.com
Täglich geöffnet
Bahnlinie L-Train/1st Ave; Bahnlinie F-Train/2nd Av
Mittleres Preissegment

Das Please Don't Tell (oder PDT, wie die Bar von Insidern genannt wird) sorgt schon beim Betreten der Bar dafür, dass diese, eigentlich unscheinbare Handlung, zu einem unvergesslichen Erlebnis

im Flüsterkneipen-Stil wird. Denn die Gäste gelangen durch eine alte Telefonzelle in die Bar, die sich in einem Hotdog-Laden befindet. Beim ersten Besuch ist das schon ziemlich aufregend. Von der Straße geht man vier Stufen hinunter zu Crif Dogs, einem bescheidenen kleinen Hotdog-Laden, der mit einer Fast-Food-Theke, einigen Tischen und Arcade-Spielautomaten ausgestattet ist. Gleich auf der linken Seite befindet sich eine alte Telefonzelle. Öffnen Sie die Tür, heben Sie den Hörer des roten Wählscheibentelefons ab und wählen Sie die „1". Eine Hostess wird antworten und Ihnen den Zutritt gewähren (oder verweigern), indem sie auf der anderen Seite eine Tür öffnet. Das Ganze erinnert stark an die Eintrittsprozeduren damaliger Flüsterkneipen – wenn Sie eine „Eintrittskarte" haben (eine Reservierung genügt), werden Sie reingelassen, wenn nicht, müssen Sie wahrscheinlich warten.

Drinnen angekommen, könnte der Kontrast zwischen der winzigen Bar und dem Crif Dogs größer nicht sein – ein Umstand, den die Bar für sich genutzt hat. Das PDT ist sanft beleuchtet und im Stil einer Taverne aus dem 19. Jahrhundert eingerichtet: Die Bar hat eine niedrige Decke aus diagonal verlegten Holzlatten sowie freiliegende Ziegelwände, die mit Tierpräparaten geschmückt sind. Außerdem ist sie mit Polsterbänken aus schwarzem Leder und einer langen Kupferbar ausgestattet. Wer sich dafür entscheidet, an der Bar zu sitzen, drängt sich dort zwar eng an eng mit anderen Gästen, hat aber den besten Blick auf die Getränke, die die Barkeeper mixen. Jim Meehan, der Mitbegründer des PDT, ist ein selbsterklärter Cocktail-Freak und hat an der Entwicklung der Cocktailkarte mitgewirkt. Er hat das *PDT-Cocktailbuch* verfasst, gibt das jährliche Cocktailbuch der Zeitschrift Food & Wine heraus und ist Getränkeredakteur bei Tasting Table. Unter seiner Leitung gewann das PDT im Jahr 2012 den James Beard Award für sein herausragendes Barprogramm. Jim Meehan lebt heute nicht mehr in New York, doch sein Einfluss ist immer noch spürbar.

Die Getränkekarte bietet achtzehn feste Cocktails. Alle paar Monate werden – je nachdem, welche Zutaten saisonal verfügbar sind – Cocktails ausgetauscht und neu hinzugefügt. Die Flaschen sind hinter der verspiegelten Bar aufgereiht; die Gläser, Barwerkzeuge, Bitter-Spirituosen und Garnierungen befinden sich in Reichweite, damit die Barkeeper nicht lange suchen müssen. Die Art und Weise, wie sie die Drinks rühren und schütteln – manchmal gleich mehrere Cocktails auf einmal – hat eine gewisse Theatralik, die nur davon herrühren kann, dass sie die Techniken hervorragend beherrschen. In ihren Anzügen machen sie eine sehr gute Figur. Das PDT serviert auch Speisen, darunter Hot Dogs von Crif Dogs und Gerichte nach Spezialrezepten der Spitzenköche David Chang, Wylie Dufresne und Daniel Humm.

THE RED ROOM

Jazzbar und Speakeasy (Flüsterkneipe) über dem KGB

85 East 4th Street, New York, NY 10003
212-787-0155
redroomnyc.com
Freitag und Samstag 21.30–2.30 Uhr sowie Privatveranstaltungen
Bahnlinie F-Train/2nd Av
Mittleres Preissegment

Die KGB-Bar, ein sowjetisch angehauchter literarischer Außenposten im East Village, ist ganz und gar nicht geheim – seit über zwanzig Jahren finden dort Lesungen von bekannten und unbekannten Schriftstellern statt. Ganz anders sieht es jedoch mit dem Red Room aus, der Bar über dem KGB, deren Wurzeln bis in die Prohibitionszeit zurückreichen.

Ein Neonschild draußen auf der Straße weist den Weg zur KGB-Bar – aber nirgendwo befinden sich Hinweise auf den Red Room. Das Gebäude in der East 4th Street, in dem sich die zwei Bars und das Kraine-Theater befinden, wurde 1858 erbaut und beherbergte kurzzeitig die Women's Aid Society. In den 1950er- und 1960er-Jahren des 20. Jahrhunderts war das Ukrainian Labor Home, ein Verein für ukrainische Sozialisten, in dem Gebäude untergebracht. Der Verein veranstaltete im ersten Stock Feste und betrieb im zweiten Stock seine eigene private Flüsterkneipe. Doch bevor Ukrainian Labor Home das Gebäude kaufte (der Verein erwarb es im Jahr 1948), betrieb der berüchtigte Gangster Lucky Luciano dort eine Flüsterkneipe namens Palm Court.

Heute wird der Red Room, der sich im dritten Stock des Gebäudes befindet, als Veranstaltungsraum und Flüsterkneipe genutzt. Die meisten Leute steigen die schmale Marmortreppe nur bis zum zweiten Stock hinauf, aber wer weiter nach oben geht, wird auf eine einfache rote Tür mit einem goldenen Art-déco-Guckloch stoßen. Überschreitet man die Schwelle, findet man sich in einer intimen Bar wieder, deren Einrichtung (und Cocktails) an die 1920er-Jahre erinnern. Dennis Woychuk, der Inhaber der Bar, ist ein gebürtiger New Yorker. Er restaurierte die Zinndecke und fügte historische Dekorationselemente wie die Art-déco-Wandleuchter (die aus einem Kino in Detroit stammen) hinzu. Dennis Woychuk arbeitet seit 1983 in diesem Gebäude – früher betrieb er hier eine Kunstgalerie (das heutige Kraine-Theater). Bereits als Kind pflegte er mit seinem Vater die Ukrainian Labor Hall zu besuchen: Im zarten Alter von fünf Jahren kam er dort zum ersten Mal in den Genuss von Whisky.

Während im KGB literarische Lesungen stattfinden, veranstaltet der Red Room Bauchtanzshows im Stil der 1920er-Jahre, Jazz-Konzerte und private Events. Im vorderen Teil der Bar befindet sich eine kleine Bühne mit roten Vorhängen für Privataufführungen. Die Musik entführt Sie in ein zeitloses New York, wo Fremde bei einer Runde Cocktails zu Freunden werden und die Zeit bis in die frühen Morgenstunden nur so verfliegt. Machen Sie es sich gemütlich und bestellen Sie einen Gin Rickey (das Lieblingsgetränk von F. Scott Fitzgerald), einen French 75 oder einen Champagner-Cocktail mit Angosturabitter. Ein Cocktail zu viel und Sie könnten am Ende der Nacht in der großen Kupferwanne landen.

CAFÉ IN DEN RUSSISCHEN
UND TÜRKISCHEN BÄDERN

Eine Institution im East Village

268 East 10th Street, New York, NY 10009
212-674-9250
russianturkishbaths.com
365 Tage im Jahr geöffnet
Bahnlinien: L-Train/1st Av; 6-Train/Astor Pl; N-Train und R-Train/8th St – NYU
Preiswert

Wohl kein Ort befördert soziale Gleichheit mehr als die russischen und türkischen Bäder im East Village. Früher gab es in Lower Manhattan zahlreiche Badehäuser: New Yorker aus allen gesellschaftlichen Schichten kamen hierher, um Dampfbäder zu nehmen, sich zu reinigen und Erfrischung zu finden. Die Russischen und Türkischen Bäder in der 10th Street sind eine der letzten verbliebenen Bastionen.

Das 1892 eröffnete Bad wird nicht nur von den Anwohnern genutzt, sondern auch Berühmtheiten wie Mick Jagger, Frank Sinatra und John F. Kennedy Jr. statteten ihm einen Besuch ab. Wie die New York Times berichtete, wurde der „Russian Radiant Room" – ein wahres Inferno aus 15 Tonnen Gestein, das über Nacht hocherhitzt wird –, der Legende nach aus Grabsteinen von Friedhöfen errichtet.

Das Café des Badehauses ist gut versteckt – von der Straße aus ist kein einziges Fenster zu sehen. Wer das Lokal betritt, fühlt sich in einen Bunker aus dem Kalten Krieg hineinversetzt, der 1989 nicht gemeldet wurde. Die zwei Fernsehbildschirme werden von einem Videorekorder gespeist, und an den Wänden hängen alte Zeitungsausschnitte mit Berichten über das Badehaus. Hinter der langen Theke, die an den Tresen eines Feinkostladens erinnert, steht ein Mitarbeiter, der Klassiker wie russischen Borschtsch, polnische Krakauer, sibirische Pelmeni und Ostseehering serviert. Die amerikanischen Frühstücks-Omeletts und die Smoothie-Bar, die Getränke wie Energy Booster und Fantasy Island anbietet, befördern das Café auf ganz unpassende Weise ins 21. Jahrhundert.

Wein und Bier sind ebenfalls erhältlich, aber wenn die Geschäftsführer Sie sympathisch finden, geben sie Ihnen vielleicht auch eine Kostprobe aus ihrem eigenen Vorrat an Cognac und anderen Spirituosen. Dann werden Plastik- und Styroporbecher hervorgeholt, Essen wird geteilt – und Sie werden in die Familie aufgenommen. Auf dem Weg nach draußen erhalten Sie dann zum Abschied Umarmungen und Küsse.

Die aktuellen Eigentümer der russischen und türkischen Bäder, Boris Tuberman und David Schapiro, haben das Badehaus 1985 gemeinsam gekauft. Aufgrund eines Streits, der im Jahr 1993 zwischen den beiden ausbrach, haben sie jedoch unterschiedliche Arbeitszeiten und sind jeweils immer nur eine Woche abwechselnd vor Ort. Ein Besuch in einer „Boris-Woche" ist ein völlig anderes Erlebnis als ein Besuch in einer „David-Woche" – sowohl in Bezug auf die verschiedenen Annehmlichkeiten als auch auf die Kundschaft. David hat die Bäder für Groupon-Deals geöffnet, Boris hingegen nicht; die mehrfach geltenden Eintrittskarten, die der eine Besitzer verkauft, werden von dem anderen nicht anerkannt. Die skurrile Hintergrundgeschichte erfährt man in den heißen Dampfbädern von langjährigen Badegästen; sie sagen, dass sie ihren Terminkalender immer up to date halten müssen, um zu wissen, welche Wochen sie jeweils in den Bädern verbringen können.

STREECHA UKRAINIAN KITCHEN

Ukrainische Küche – hausgemacht von freiwilligen Kirchenhelfern

33 East 7th Street, New York, NY 10003
212-674-1615
Freitag bis Sonntag 11–16 Uhr
Bahnlinie 6-Train/Astor Pl
Preiswert

Streecha Ukrainian Kitchen ist eines der Lokale, die sich keine Mühe geben müssen – weder in Bezug auf ihre Bekanntheit noch auf ihre versteckte Lage. Man betritt das Restaurant durch die Kellertür eines eleganten East-Village-Stadthauses, in dem sich eine Chiropraktiker-Praxis befindet; das Lokal liegt schräg gegenüber der ukrainisch-katholischen Kirche St. George, zu der es auch gehört. Alles, was bei seiner Eröffnung auf die Existenz des Lokals hinwies, war ein Stück laminiertes Papier an einer Wäscheleine, auf dem die Namen von drei Speisen geschrieben standen. Im Laufe der Zeit wurden aus dem Papierschild zwei Papierblätter, die im Fenster des Lokals hingen. Heute gibt es zwei Vinylschilder – eines ist komplett in ukrainischer Sprache geschrieben, auf dem anderen steht der Name des Restaurants. Doch das Streecha ist nach wie vor sehr unscheinbar und leicht zu übersehen, denn es liegt in einem Block, in dem sich viele bekannte Lokale wie das McSorley's Ale House (eine der ältesten Bars der Stadt) befinden.

Der Name „Restaurant" ist jedoch falsch gewählt, denn das Streecha wirkt wie eine Kirchenkantine – was es tatsächlich auch ist. Aber das Lokal ist für jedermann zugänglich und hat von Freitag bis Sonntag geöffnet. Die Speisekarte ist klein, aber fein und bietet vier Hauptgerichte: Borschtsch-Suppe (in der Tasse oder Schale serviert), ukrainische Kartoffelknödel (varenyky), Krautwickel mit Schweinefleisch und Reis (holobutsi) sowie Wurst mit Sauerkraut. Die Knödel werden bereits ab sechs Uhr morgens von freiwilligen Kirchenhelfern handgeformt. Mit den Erlösen des Restaurants werden die Kirche und ihre Privatschule unterstützt.

Die Pfarrgemeinde St. George gibt es in diesem Viertel seit über hundert Jahren, und Streecha Ukrainian Kitchen wurde in den 1970er-Jahren eröffnet. Die Wände sind mit beigefarbenen Fliesen ausgelegt und in Rosatönen gestrichen. Auf den Tischen liegen Tischdecken aus Polyester, und wenn die Besucher ihre Plätze an den langen Gemeinschaftstischen einnehmen, klappern fröhlich die Metall-Klappstühle. Die Gewürze (Salz, Pfeffer, Senf und Zucker) stehen in Tupperdosen auf den Tischen, und die religiösen Gemälde, die überall an den Wänden hängen, runden das Bild ab. Das Flair und die Neonröhren-Beleuchtung sind zwar etwas altmodisch, doch der Laden sprüht nur so vor positiver Energie – man fühlt sich wie auf einem fröhlichen Gemeindetreffen.

Die Speisen sind einfach und preiswert: Die Knödel kosten 75 Cent pro Stück, die herzhaften Krautwickel sind für vier US-Dollar zu haben, und die Tasse Borschtsch-Suppe kostet nur zwei US-Dollar. Der Kaffee ist nicht herausragend, kostet aber auch nur einen US-Dollar. Die Öffnungszeiten ändern sich häufig: Es wird so lange Essen serviert, bis alles ausverkauft ist. Am besten besucht man das Lokal am frühen Nachmittag – Bargeld mitbringen!

SUSHI ON ME

Fulminante Dinnershow im Keller

71–26 Roosevelt Avenue (basement), Queens, 11372
Nur Textnachrichten: 929-268-5691
instagram.com/sushionmenyc
Täglich ab 17 Uhr; letzter Einlass 21.30 Uhr

Wer die Mühe auf sich nimmt und raus in diese nicht gerade trendige Ecke von Queens fährt, muss zuerst einmal den Eingang des angesagten Sushi-Lokals finden, das versteckt am Fuß einer Treppe (vor einem Imbiss) im Schatten der Hochbahn liegt. Das kleine Restaurant, das man vorfindet, erinnert von der Einrichtung her vage an eine klassische, modern angehauchte Sushi-Bar. Nachdem Sie so weit gefahren sind, wird Ihnen das Ganze ziemlich komisch vorkommen – doch dann kommen schon die Kellner auf Sie zu.

Sushi On Me investiert mehr Energie in seine Omakase-Gastronomie als viele andere Clubs und House Partys in New York. Bei all dem Sake – der hier ohne Limit serviert wird – und den ständigen Possen der Köche werden Ihnen die 89 US-Dollar, die Sie für das 15-gängige Fischmenü zahlen (bezahlt wird in bar), wie ein Eintrittsgeld für eine Dinnershow vorkommen – und es ist tatsächlich eine richtige Show, die den Gästen hier geboten wird.

Man wird mit Flambierbrennern, Uni-Shots (Shots aus Seeigeln), lautem Gesang und unzähligen weiteren Eskapaden unterhalten, während die Kellner den Gästen gleichzeitig Stück für Stück Sashimi und Nigiri servieren – die kunstvolle Präsentation der Sushi wird dabei nur durch ihren Geschmack und ihre Frische übertroffen.

Wer früh am Abend herkommt, kann an einem der wenigen Tische Platz nehmen; aber wenn die Zeit zum Essen gekommen ist, setzen sich alle Gäste an die lange Bar. Abende unter fremden Gästen sind oft am quirligsten, obwohl es bei zwölf Sitzplätzen nicht schwer ist, die ganze Bar mit dem eigenen Freundeskreis zu füllen. Nach dem letzten Gang werden die Teller abgeräumt, man bekommt die Rechnung und soll möglichst schnell Platz für die nächste Gruppe machen (es sei denn, man hat Glück, pünktlich zur letzten Runde da zu sein). Alles in allem dauert der ganze Restaurantbesuch nur etwa eine Stunde.

Das Menü, das unter 100 US-Dollar kostet, kann sich mit vielen weitaus teureren Degustationsmenüs der Stadt messen, kostet aber nur einen Bruchteil davon und macht viel mehr Spaß.

Sie haben keine Lust, fast bis zum Flughafen LaGuardia zu fahren, nur um 60 Minuten lang Meeresfrüchte und fröhliche Gesellschaft zu genießen? Sushi on Me hat vor Kurzem eine Filiale in Williamsburg eröffnet und bietet dort ein 18-gängiges thailändisch-japanisches Degustationsmenü für 129 US-Dollar, das 90 Minuten dauert. Das Originallokal ist jedoch nicht zu schlagen, wenn Sie eine außergewöhnliche Show voller Überraschungen in einem subterranen, tief unter dem Stadtbezirk Queens gelegenen Keller erleben wollen.

IMBISSSTÄNDE NEBEN DER WARENANNAHME

Winzige Imbisse

El Sabroso: 265 West 37th Street – Arie's Café: 306 West 37th Street
Montag bis Freitag
Bahnlinien 7, A, C und E Train/42nd St; 1, 2 und 3 Train/Penn Station
Preiswert

In New York City gibt es nur wenige versteckte Lokale, die sich ihren Charakter über viele Jahre hinweg bewahren, ohne dem Mainstream zu erliegen. Die winzigen Imbissstände, die sich neben den Lieferanteneingängen des Garment Districts verbergen, wurden eröffnet, um die Arbeiter aus der Produktion zu versorgen. Auch heute noch servieren sie ihrer Kundschaft weiterhin preisgünstiges Essen. Man sollte nicht mehr als eine Theke und ein paar Hocker erwarten, doch die persönlichen Begegnungen, die man hier erlebt, sind das Abenteuer wert.

Nick's Place in der 39th Street, das sich selbst als „das bestgehütete Geheimnis im Garment District" bewirbt, ist der bekannteste, aber auch uninteressanteste dieser Imbissstände – sowohl was das Essen als auch die Räumlichkeiten betrifft. Versteckter sind das El Sabroso in der 265 West 37th Street und das Arie's Café in der 306 West 37th Street.

El Sabroso wird seit über zwanzig Jahren von demselben Besitzer betrieben und tischt erschwingliche spanische Kost auf. Auf dem unscheinbaren Schild des Imbisses steht geschrieben: „Aqui ahorra y come bueno" („Hier kann man sparen und gut essen"). Obwohl an der Wand eine komplette Speisekarte hängt, fragen Sie Tony am besten selbst, welches Tagesgericht er empfiehlt. Für sechs US-Dollar gibt es verschiedene Eintöpfe mit einem Teller Reis, Bohnen und Salat. Vergessen Sie nicht, ein wenig scharfe Soße hinzuzufügen: Sie wird nach einem geheimen Familienrezept zubereitet, das Tony nicht verrät. Empanadas mit Käse oder Hühnchen kosten jeweils nur einen US-Dollar.

An der Theke stehen fünf Hocker und ein kleiner Holztisch für Gäste, die vor Ort essen wollen. Die meisten Kunden bestellen ihr Essen zum Mitnehmen, aber wenn Sie zum Essen dableiben, können Sie sich mit Tony unterhalten, der Ihnen vielleicht erzählt, was für Irrungen und Wirrungen er bei der Suche nach einer Frau in New York schon erlebt hat.

Einen Block weiter befindet sich das Arie's Café, ein nicht ausgeschildertes Lokal, das dominikanische Küche serviert. Während das El Sabroso in einem geräumigen Wareneingang liegt, befindet sich das Arie's in einem sehr schmalen Gang. Das bedeutet, dass vor dem Imbiss fast genauso viele Leute Schlange stehen wie Warenlieferungen eintreffen. Irgendwie ist es dem Arie's jedoch trotzdem gelungen, neben der Theke neun Sitzplätze unterzubringen. In dem Gang – direkt vor der Küche – hat sich noch ein zweiter Händler niedergelassen, der billige DVDs verramscht. Man kann nie ganz sicher sein, ob das, was man bestellt hat, auch wirklich das ist, was man tatsächlich bekommt – aber die Wahrscheinlichkeit ist groß, dass es geschmortes Ziegenfleisch ist, das über Nacht mariniert wurde. Für fünf US-Dollar erhält man den Hauptgang, der mit Reis, Bohnen und Kochbananen serviert wird.

DEAR IRVING

Fantasien eines Zeitreisenden

55 Irving Place, New York, NY
dearirving.com
Montag bis Donnerstag 17–2 Uhr; Freitag bis Samstag 17–3 Uhr;
Sonntag 17–1 Uhr
Bahnlinien 4, 5, 6, L, N, Q und R Train/Union Sq
Mittleres Preissegment

In seinem Film *Midnight in Paris* (2011) geht Woody Allen dem Gedanken nach, dass sich jeder Mensch – egal, in welcher Zeit er geboren wurde – mit einer bestimmten Epoche der Vergangenheit verbunden fühlt.

Die Bar Dear Irving ist von eben diesem Gedanken inspiriert: der Vorstellung, dass jeder sich mit einer historischen Epoche verbunden fühlen und sich dort zu Hause fühlen würde, wenn er oder sie in diese Epoche eintauchen könnte. Die Bar, die sich in einem historischen Stadthaus am Irving Place befindet, in dem einst der Schriftsteller O. Henry (1862–1910) lebte, ist dem Motto „Zeitreisen" gewidmet.

Dear Irving besteht aus vier Räumen, die einen schrittweise immer tiefer in die Vergangenheit eintauchen lassen: Im vorderen Bereich befindet sich ein Zimmer im Stil der 1960er-Jahre, das mit modernen Möbeln aus der Mitte des 20. Jahrhunderts, Tapeten mit Zebrastreifen und zahlreichen Dekorationselementen ausgestattet ist. Als Nächstes folgt ein Raum im Stil der 1920er-Jahre, der mit seinen überdimensionalen silbernen Sesseln und Kristallvorhängen wie geschaffen für Gatsby und Daisy wäre.

Der Raum dahinter beherbergt die eigentliche Bar, die das Zwanziger-Jahre-Motto weiterführt und abrupt in ein Zimmer im Stil der 1880er-Jahre übergeht, das wiederum mit roten Polstermöbeln und Zinndecken ausgestattet ist. Der letzte Raum ist im Rokoko-Stil gehalten und sieht aus wie ein Salon von Marie Antoinette. Hier gibt es Sessel im Stil des Sonnenkönigs Ludwig XIV., weiße Stuckleisten mit Goldverzierung, einen antiken Spiegel und einen riesigen Kristalllüster. Man kann sich dort im Salon einen Sitzplatz suchen oder zwischen den Räumen hin und her wandeln.

Man kann sich an die Hausgetränke halten und zum Beispiel einen Vice Versa (Gin, Grapefruit, Bitter, Pampelmusen-Likör und Rosé-Cava) bestellen oder sich einen Cocktail vom Barkeeper empfehlen lassen.

Es gibt auch eine Speisekarte mit kleinen Gerichten im Stil der gehobenen Barküche, die von verschiedenen europäischen Traditionen inspiriert sind: Zur Auswahl stehen Speisen wie Croque Monsieur (getoastetes Schinken-Käse-Sandwich), Krabbencocktail, Hühnerleber- und Gänseleber-Parfait sowie eine Käseplatte. Der langsam gegarte Oktopus mit Mandelcreme und Tomaten-Confit ist so perfekt zubereitet (zart und doch fest), dass man seine Einstellung zu Speisen mit Oktopus für immer ändern und noch einmal darüber nachdenken wird, ob man nicht einmal etwas anderes als die übliche Barkost probieren soll.

Es gibt auch Desserts, zum Beispiel eine grandiose Panna Cotta, die – wunderschön angerichtet unter einer Schicht aus rotem Beeren-Coulis – in einem Cocktailglas mit Erdbeergarnitur serviert wird. Wenn Sie sich etwas gönnen wollen, sollten Sie diese Bar unbedingt besuchen.

DER SCHANKRAUM
DES PLAYERS CLUB

Der älteste Privatclub in New York, der sich noch an seinem Originalstandort befindet

16 Gramercy Park South, New York, NY 10003 – 212-475-6116 – theplayersnyc.org
Offen für Mitglieder: Montag bis Freitag 17–22 Uhr
Viele Veranstaltungen sind auch für Nichtmitglieder zugänglich
Bahnlinien N-, R- und 6-Train/23rd St
Mittleres Preissegment

Es gibt nur wenige Orte in New York, an denen man – umgeben von Artefakten wie Mark Twains Billardqueue, Shakespeare-Kostümen aus dem 19. Jahrhundert und Porträts des Malers John Singer Sargent (1856–1925) – Whiskey und Gin genießen kann. Der Players Club, ein Stadthaus im Greek-Revival-Stil am Gramercy Park, ist einer dieser Orte. Er ist der älteste Privatclub in New York, der sich bis heute an seinem Originalstandort befindet.

Für die Immobilienverhältnisse New Yorks ist der Players Club riesig: Er erstreckt sich über vier Etagen und verfügt über einen extra Grill- und Schankraum auf der unteren Ebene. Im Salon warten ein großer Kamin, antike Sofas sowie Tische und Clubsessel auf Besucher. Oben im Kartenzimmer können die Gäste sich anschauen, wo der berühmte Schriftsteller Mark Twain (1835–1910) und der Architekt Stanford White (1853–1906) Poker gespielt haben. Die Bibliothek ist voller Bücher und Artefakte zum Thema Theater – darunter eine Büste des Schriftstellers Edgar Allen Poe (1809–1849).

Unten im Grill- und Schankraum hängt gleich neben dem Billardtisch der persönliche Billardqueue von Mark Twain. An den Wänden des Treppenhauses und des Schankraums hängen Porträts berühmter Clubmitglieder (zum Beispiel Schauspieler wie John Barrymore, Cary Grant, Gregory Peck, Liza Minelli, Ethan Hawke, Kevin Spacey und Jimmy Fallon). Wenn Sie Glück haben, können Sie einen Blick in das Schlafzimmer des Clubbegründers Edwin Booth (1833–1893) erhaschen, das sich im dritten Stock befindet. Der Raum riecht noch immer nach dem Tabak, den er unablässig rauchte, und beherbergt seine wertvollsten Gegenstände, zum Beispiel den Schädel, den ihm ein Fan für die Rolle des Hamlet überließ.

Die illustre Geschichte des Clubs begann mit einem der bewegendsten Ereignisse der amerikanischen Geschichte. Nachdem Präsident Lincoln von John Wilkes Booth ermordet wurde, war dessen Bruder Edwin Booth (ein berühmter Shakespeare-Schauspieler) der Meinung, er müsse etwas tun, um den Schandfleck auf dem Namen der Familie Booth zu beseitigen. Und so gründete er im Jahr 1888 den Players Club, einen Privatclub, in dem Schauspieler (die damals als Volksverführer galten) sich mit angesehenen Gentlemen der Gesellschaft treffen und so ihren Status verbessern konnten. Fünfzehn weitere Gründungsmitglieder schlossen sich ihm an, darunter Mark Twain und William Tecumseh Sherman. Die Fassade des Clubhauses – das einen schönen Ausblick auf den Gramercy Park und die Statue von Edwin Booth im Shakespeare-Gewand bietet – wurde von Stanford White (der ebenfalls ein Mitglied des Players Club war) umgestaltet. Die Clubmitglieder dürfen den Schlüssel benutzen, der die Tore zum Privatpark öffnet.

124 OLD RABBIT CLUB

Bierbar mit dem Rock-'n'-Roll-Flair der Sixties

124 Macdougal Street, New York NY 10012
212-254-0575
Täglich 18–2 Uhr
Bahnlinien A, B, C, D, E, F und M Train/West 4th St
Preiswert – es wird nur Bargeld akzeptiert

Folgen Sie dem gelben Kaninchen, das im Street-Art-Stil auf die Außenwand dieser Bierbar in Greenwich Village gemalt ist – und steigen Sie tief in den Kaninchenbau hinab. Abgesehen von dem Kaninchen ist die Fassade des Old Rabbit Club komplett schwarz und sehr unscheinbar. Aber wenn Sie die Treppe hinuntersteigen und die winzige, höhlenartige Bar besuchen, finden Sie dort mit die beste Bierauswahl der Stadt vor.

Wenn man hier steht – umgeben von all den Rock-'n'-Roll-Postern, die an den Backsteinwänden hängen –, hat man das Gefühl, man sei in einer dubiosen Kneipe aus den 1970er-Jahren gelandet. Ein Gefühl, das sich noch verstärkt, wenn gerade die Rolling Stones gespielt werden. Obwohl Greenwich Village (vor allem die MacDougal Street) zu großen Teilen ein Opfer seiner eigenen „Hipness" geworden ist, bleibt der Old Rabbit Club standhaft den unkonventionellen und künstlerischen Wurzeln des Village treu. In der näheren Umgebung befinden sich noch immer die Bars (wie das Cafe Wha?), in denen Bob Dylan und Jimi Hendrix in den 1960er-Jahren für Beatniks und Hippies auftraten; heute werden sie jedoch hauptsächlich von Touristen und Studenten der NYU besucht. Der Old Rabbit Club ist viel authentischer, was vielleicht daran liegt, dass er so versteckt ist. Der einzige Wermutstropfen: Man kann hier nur mit Bargeld bezahlen.

Das Lokal ist so eng, dass man kaum Platz findet, um sich zwischen die Leute zu quetschen, die auf den Barhockern an der langen Bar sitzen. Wer Glück hat, erwischt einen Tisch im hinteren Bereich der Bar, der von einem kleinen Kronleuchter beleuchtet wird und mit reich verziertem Brokatstoff tapeziert ist. In der gesamten Bar gibt es nur zwei weitere Tische (vorne an der Tür). Gespräche in der Gruppe kann man hier nicht führen. Es ist laut, und die Einrichtung eignet sich eher zum Flirten, zumal man hier extrem nah an den anderen Leuten sitzt.

Es kann ein paar Minuten dauern, bis man die mehrere Seiten lange Getränkekarte durchgeblättert hat. Der Old Rabbit Club führt über siebzig Biersorten, viele davon importiert aus Belgien, den Niederlanden, Deutschland, England und Schottland. Es gibt Craft-Biere von der Brauerei Evil Twin (die in Dänemark gegründet wurde und ihren Hauptsitz in Brooklyn hat), Sauerbier sowie belgische Klassiker wie Chimay, Delirium Tremens und Palm. Selbst die anspruchsvollsten Bierkenner werden von diesem Angebot beeindruckt sein.

Es gibt auch eine kleine Auswahl an Weinen, aber es ist besser, bei dem zu bleiben, was diesen Ort so besonders macht: seine große Bierauswahl. Wenn Sie unsicher sind, was Sie bestellen sollen, können Sie sich ein Bier vom Barkeeper empfehlen lassen. Wenn Sie ihm sympathisch sind, bietet er Ihnen vielleicht ein Bier auf Kosten des Hauses an.

THE GARRET

Chillen über dem Burgerladen Five Guys

296 Bleecker Street, 2nd Floor, New York, NY 10014
212-675-6157
garretnyc.com
Täglich geöffnet
Bahnlinie 1 Train/Christopher St
Mittleres Preissegment

Das Garret ist eine jener Bars, deren Barkeeper wie befreundete Bandmitglieder oder coole WG-Mitbewohner drauf sind. Die Kneipe liegt versteckt über dem Schnellrestaurant Five Guys Burgers in Greenwich Village; um sie zu besuchen, muss man quer durch das Fast-Food-Restaurant bis ganz nach hinten gehen und dort eine Holztreppe hinaufsteigen. Von außen sieht man nur ein paar Kronleuchter durch das Fenster blinken; vor der Bar befindet sich eine Leuchtreklame mit der Aufschrift „Soul", einfach weil die Bar „Soul" hat, wie einer der Barkeeper uns sagte. Das eigentliche Schild des Garret befindet sich direkt an der Bar selbst.

The Garret ist die Art von Bar, in der man samstags um 14 Uhr mit dem Trinken beginnt, eine Dose Tecate-Bier und einen Shot bestellt und sich vom Burgerladen im Erdgeschoss Burger und Pommes mitbringt. Aber es gibt auch eindrucksvolle und sehr kreative Cocktails, die Namen wie „Seriously Ain't Fancy" und „Sunken Santa" haben. Die Bar hat eine entspannte Coolness, wie man sie in jeder anderen Dive-Bar im Land (eine Bar, die wie ein zweites Wohnzimmer für die Anwohner ist) finden könnte. Das Garret hat auf jeden Fall genau das richtige Maß an Einrichtungsdekoration, um Persönlichkeit zu zeigen, ohne sich aufzudrängen. Mit ihrer Street-Art-Deko (unter dem Kamin!) und den lustigen Fotografien, alten Büchern und Sanduhren, die überall herumstehen, gelingt es der Bar, sowohl trendige Cocktail-Kenner als auch die Gäste zu begeistern, die einfach nur einen relaxten Ort zum Entspannen suchen.

Die Innenseite der Toilettentür ist vom Boden bis zur Decke mit einem fast surrealistischen Kunstwerk verkleidet, das aus 96 goldenen Türknäufen besteht und von der Schlosserei Greenwich Locksmiths installiert wurde. Einwohner von Greenwich Village werden den Stil der nahegelegenen Schlosserei (deren Fassade aus kunstvoll zu Ornamenten angeordneten Schlössern besteht) sofort wiedererkennen.

Die Stühle und Tische bestehen aus Holz und könnten direkt aus einem Baumhaus stammen. Sie passen sehr gut zur Architektur, denn der Raum ist mit zwei riesigen Dachfenstern ausgestattet, die das Garret zu einer versteckten Bar mit viel natürlichem Licht machen – was sehr selten ist.

Leute, die immer noch auf der Suche nach etwas Ausgefallenem sind, können hier Five-Guys-Burger bestellen, die man nirgendwo sonst bekommt, zum Beispiel den Garret-Burger mit Peter-Luger-Sauce, den Italian-Neighbors-Burger mit Prosciutto-Schinken von Ottomanelli Bros. oder den Sixth-Man-Burger mit Sriracha-Chilisauce.

Das Wichtigste ist jedoch, dass man das Garret mit dem Gefühl verlässt, eine Bar entdeckt zu haben, die wirklich authentisch ist: ein großartiger Ort, um mit Freunden zu feiern oder mit geselligen Barkeepern zu plaudern. Unter den vielen exklusiven Cocktailbars New Yorks sticht The Garret angenehm und vor allem entspannt heraus.

LITTLE BRANCH

Ein Familienunternehmen in einer Kellerbar

20 7th Avenue South, New York, NY 10011
212-929-4360
Täglich 19–3 Uhr
Bahnlinie 1 Train/Houston St
Mittleres Preissegment

In einem belebten Block der 7th Avenue (gleich um die Ecke vom Schwimmbad, in dem sich das Wandgemälde von Keith Haring befindet), steht ein kleines Flatiron-Gebäude mit einer unscheinbaren braunen Tür. Wenn abends viel los ist, wartet hier vielleicht ein Türsteher, aber wenn niemand da ist, kann man nahe genug an die Tür herangehen, um das Guckloch zu sehen, das viele Wohnungstüren in dieser Stadt besitzen. Es scheint die subtile Botschaft zu vermitteln: „Komm und trink in meinem Haus, aber verhalte dich respektvoll, als seist du mein persönlicher Gast."

Wenn Sie die Tür öffnen, müssen Sie eine lange Treppe hinuntergehen, die in die Kellerbar führt. Man kann sich leicht vorstellen, dass eine echte Flüsterkneipe früher genauso aussah – ein typisches Speakeasy war kein opulenter Tempel des Alkohols, sondern oft genug ein schlichter Kellerraum, in dem man Spirituosen mit Freunden teilte, die der Besitzer kannte und denen er vertraute. Das Flair der Bar erinnert stark an die 1920er-Jahre. Wenn man sich umschaut, wird man entdecken, dass die Bar mit zahlreichen historischen Artefakten aus dieser Zeit ausgestattet ist: gepresstes Blech an der Bar, leicht abgenutzte braune Ledersitzecken, Tische aus Sicherheitsglas, die Wellblechdecke, eine alte Registrierkasse mit Tasten wie von einer Schreibmaschine, Familienfotos in Schwarz-Weiß und jede Menge Nippes.

Little Branch ist die zweite Bar, die von Sasha Petraske und Joseph Schwartz eröffnet wurde. Die beiden waren Mitbegründer einiger der berühmtesten Cocktailbars in New York – vor allem des Milk & Honey. Und wie viele von der Prohibitionszeit inspirierte Bars ist auch Little Branch ein Familienunternehmen. Joseph leitet die Bar, sein jüngerer Bruder Ben ist der Chef-Barkeeper, und Barkeeperin Becky McFalls ist mit Josephs Zwillingsbruder Louis verheiratet, der hier als Kellner arbeitet.

Unten in der Kellerbar werden klassische Cocktails serviert: so zubereitet, wie sie ursprünglich gedacht waren, nämlich nach präzisen Rezepten aus Büchern wie The Savoy Cocktail Book, das 1930 von Harry Craddock veröffentlicht wurde – einem Amerikaner, der nach London auswanderte, um der Prohibition zu entfliehen und dort ein berühmter Barkeeper in der American Bar des *Savoy* wurde.

Das Little Branch gehörte zu den ersten Bars, die ihre Cocktails stets mit frischen Säften zubereiteten und ausschließlich Spirituosen führten, die den Inhabern am besten schmeckten – egal, wie teuer oder rar sie waren. Die Bar bietet eine kleine Getränkekarte mit klassischen Cocktails, aber Sie fahren genauso gut, wenn Sie sich an die Empfehlungen der Barkeeper halten. Die sind stolz darauf, auf Ihre Wünsche einzugehen und etwas zu kreieren, das Ihren Vorstellungen entspricht. Der Wochenbeginn ist die beste Zeit für einen Besuch, denn dann sind die Wartezeiten kürzer, und ab 22 Uhr wird Live-Jazz gespielt.

FREVO

Ein Tresen mit 16 Sitzplätzen hinter einem Galerie-Kunstwerk

48 W 8th Street, Manhattan, 10011
frevonyc.com
reservations@frevonyc.com
Dienstag bis Samstag: Abendessen nur nach Reservierung

© Alix Piorun

Diese Kunstgalerie ist mehr, als sie zu sein scheint. Dabei unterscheidet sich das Frevo zunächst kaum von anderen Schaufenstergalerien. Doch hinter einem der Kunstwerke, die hier präsentiert werden (die Galerie veranstaltet wechselnde Einzelausstellungen), befindet sich der Eingang zu einem C-förmigen Tresen mit 16 Sitzplätzen, in dessen Mitte sich eine offene Küche befindet.

„Die hinter dem Kunstwerk versteckte Tür trägt zu einem ganz besonderen, authentischen New-York-Erlebnis bei, bei dem nicht alle Geheimnisse der Stadt für das bloße Auge zugänglich sind und man zuerst ins Gespräch kommen muss, um sie zu erfahren", sagt Bernardo Silva, der Mitinhaber des Frevo. Der Name, so erklärt er, sei eine Interpretation des portugiesischen Wortes für „kochen" (er ist portugiesischer Muttersprachler) und soll auf die Tatsache verweisen, dass diese Galerie, die als Restaurant und Ausstellungsraum fungiert, „nicht statisch ist, sondern sich ständig weiterentwickelt".

Die Kunstausstellungen wechseln alle drei Monate – ebenso wie die saisonalen Menüs und die Weinbegleitung. Sie werden nur den Gästen angeboten, denen es gelingt, Plätze in einem der zwei Sitzbereiche an der Theke zu ergattern. Für Besucher, die noch mehr Privatsphäre möchten, stehen abends Einzelplätze an den zwei Tischen des Frevo bereit, an denen insgesamt zehn Gäste Platz nehmen können.

Das innovative kulinarische Unternehmen erklärt, mit seinen multikulturellen Einflüssen und seiner eleganten, raffinierten, modernen Dinner-Küche „die Energie von New York City selbst" zu reflektieren, und viele Kritiker stimmen dieser Aussage zu. Das Restaurant verkörpert erfolgreich die Leichtigkeit und Exklusivität, mit der einige Mitglieder der New Yorker Elite durch das kulturelle Leben gleiten und „dafür sorgen, dass andere Menschen nicht in den Genuss der Vorteile kommen, die sie genießen", wie Pete Wells in der New York Times schrieb.

Das mehrgängige Degustationsmenü verspricht nur die hochwertigsten und nachhaltigsten Speisen, die der brasilianische Chefkoch Franco Sampogna ausgiebig recherchiert hat. Er ist stolz darauf, stets nur die besten Produzenten zu finden und mit ihnen zusammenzuarbeiten. Auf der Speisekarte stand zum Beispiel schon Gänsestopfleber, die in zwei Gängen des Menüs enthalten war: einem Gang mit schwarzen Trüffeln und einem zweiten mit Räucheraal.

Als Weinbegleitung wird eine Boutique-Auswahl von erstklassigen Weinen angeboten, darunter seltene Jahrgänge und edle Tropfen von kleinen, individuellen Weingütern. Sie möchten die exklusivste Weinbegleitung, das Premium Wine Pairing? Diese Luxusversion kostet mehr als doppelt so viel wie die Einstiegsstufe. Das Restaurant bietet noch viele weitere Zusatzleistungen, die jedoch nur gegen Aufpreis verfügbar sind.

AMERICAN LEGION POST 398

„Wir machen kein Geheimnis um uns, werben aber auch nicht für unsere Jazznächte."

248 W 132nd Street, Manhattan, 10027
212-283-9701
Donnerstag bis Sonntag, nur abends geöffnet

Andere Außenposten dieser US-Veteranenvereinigung verzeichnen einen Rückgang ihrer Mitgliederzahlen, doch das Gästebuch des American Legion Post 398 ist nach wie vor prall gefüllt mit den Namen seiner Besucher. Das liegt vor allem daran, dass dieser in Harlem ansässige Zweig der Vereinigung nicht nur Kriegsveteranen unterstützt, sondern Musik für alle und jeden anbietet. Das Lokal befindet sich im Kellergeschoss eines eleganten Stadthauses in Harlem und fällt auf den ersten Blick kaum auf, obwohl am Fenster der Bar ein Schild verkündet: „American Legion Col. Charles Young Post #398 and Auxiliary".

„Wir machen kein Geheimnis um uns, werben aber auch nicht für unsere Jazznächte", sagt Edward Feaster, der erste stellvertretende Kommandant des Außenpostens – ein Sozialarbeiter im Ruhestand und einer von mehreren Managern des American Legion Post 398, die das Lokal instand halten und herrichten für Kriegsveteranen, Einheimische und alle anderen, die zu den Öffnungszeiten vorbeikommen.

Der Post 398 kümmert sich in erster Linie darum, Kriegsveteranen bei der Beantragung von Sozialleistungen zu helfen, Witwen bei Bestattungsangelegenheiten zu unterstützen u. Ä., aber an vier Abenden in der Woche bietet der Hauptsitz seinen Besuchern auch „Gelegenheit zum Tanzen, Entspannen und zu kameradschaftlicher Geselligkeit".

Donnerstags, freitags und samstags legen abends DJs auf, sonntags gibt es Jazzmusik. „Es geht uns mehr um den Dienstleistungsservice als um Jazz an sich", erklärt Feaster die internen Prioritäten des Clubs und fügt hinzu: „Wir sind keine Jazz-Bar – wir fördern den Jazz."

Aber gerade der Jazz ist es, für den der Post 398 so bekannt ist. Alles begann im Jahr 1998, als Seleno Clarke, ein Armee-Veteran, Musiker und Stammgast der Amerikanischen Legion, einen Platz für seine über 180 Kilogramm schwere Hammond-Orgel brauchte. Clarke, der die Harlem Groove Band gegründet hatte, fragte bei der Legion an, ob er seine Hammond-Orgel in deren Stadthaus aufbewahren könne. Es wurde ihm gestattet – allerdings unter der Bedingung, dass er die Orgel spielen musste. So wurde die Tradition der sonntäglichen Jazzkonzerte geboren.

Das Vereinslokal ist zwar in erster Linie für Kriegsveteranen und deren Gäste gedacht, doch im Post 398 ist jeder willkommen. Alle Besucher müssen sich in das Gästebuch eintragen, die Stimmung ist freundlich und gesetzt. „Wir nennen unsere Bar den ‚Posten für Erwachsene'. Sie ist kein Ort für Teenager", sagt Feaster. „Die Leute können hierherkommen, eine gute Zeit verbringen, sich hinsetzen und Spaß haben."

„Für die Getränke verwenden wir Schnapsflaschen aus Flugzeugen – das ist viel einfacher", erklärt Feaster. Außerdem werden gutbürgerliche Speisen serviert; die Gerichte kosten nicht mehr als zwölf US-Dollar und werden von einer Köchin zubereitet, die ihre eigenen Sterno-Powerpads mitbringt, um in der Küche köstliches Essen zu zaubern.

JAZZ BEI MARJORIE ELIOT

Jazzshows in einem Wohnzimmer in Harlem

555 Edgecombe Avenue, 3F, Manhattan, 10032
212-781-6595
Die Sonntagskonzerte beginnen jeweils 14, 16 und 18 Uhr

Egal, bei welchem Wetter – sonntagnachmittags veranstaltet Marjorie Eliot in ihrem Wohnzimmer in Harlem Jazzkonzerte. Das macht sie schon seit über 30 Jahren so.

Während der Konzerte sitzen die Gäste auf einer Bank und auf Klappstühlen im Salon, im Flur und im Wohnzimmer. Es werden Apfel-Zimt-Riegel serviert, und an einem der letzten Sonntage wurden sogar Wasserflaschen und Apfelwein angeboten. Der Eintritt ist frei, und die Snacks werden kostenlos verschenkt. (Wer zum Dank etwas Geld spenden möchte, kann Bargeld in den Spendenkorb legen oder den Mobile-Payment-Service Venmo nutzen).

Die Konzerte, bei denen Marjorie oft selbst auftritt, haben sie zu einer lokalen Legende gemacht. Das ist nicht unsere persönliche Meinung, sondern eine Tatsache: City Lore, eine gemeinnützige Organisation für urbane Volkskultur, hat sie im Jahr 2000 offiziell als lebendiges Kulturgut der Stadt gewürdigt. Zu diesem Zeitpunkt gab es ihre sonntägliche Wohnzimmer-Jazz-Tradition seit noch nicht einmal zehn Jahren. Marjorie Eliot begann 1992 mit dem Veranstalten von Konzerten, um Freude in einen Wochentag zu bringen, der für sie sehr düster war: Ihr Sohn Phil war an einem Sonntag im Jahr 1992 im Alter von nur 32 Jahren an einer Nierenkrankheit verstorben.

„Ich konnte mich wie ein Uhrwerk darauf verlassen, dass ich mich sonntags schlecht fühlte«, sagte Eliot der *New York Daily News* im Jahr 2009. Ihr Haus zu öffnen und anderen fröhliche Unterhaltung zu bieten, half ihr dabei, ihr gebrochenes Herz zu trösten. „Wenn Menschen zu mir kommen und meine Gäste sind, machen sie aus einer traurigen Geschichte etwas Fröhliches", sagte sie einst.

Ungeachtet ihrer Großzügigkeit und Gastfreundschaft findet Eliot – die Schauspielerin und Pianistin ist und es im Laufe der Jahre erfolgreich vermieden hat, dass ihr Alter in Medienberichten genannt wird – die Konzerte so erfüllend, dass sie der Überzeugung ist: „Ich bekomme mehr, als ich gebe."

Als im Jahr 2011 Shawn Eliot (ein weiterer ihrer Söhne) spurlos verschwand, wurden die Konzerte weitergeführt. An jenen Sonntagen verteilte sie Flugblätter mit seinem Foto an ihre Gäste.

Im Laufe der Jahre haben viele Künstler auf der Bühne ihres Heims gestanden, und Marjorie holt oft ehemalige Stammgäste und Künstler (die für ein Wochenende in der Stadt sind oder nach einer Auszeit wieder zu ihr kommen) aus der Menge auf die Bühne, um gemeinsam mit ihnen zu singen. Das musikalische Programm umfasst fast immer eine Mischung aus Jazz, Pop und Spiritual-Musik.

Als die Polizei einmal aufgrund einer Lärmbeschwerde bei Marjorie Eliot klingelte, blieben die Polizisten, um der Musik zu lauschen, berichtete die *New York Times* im Jahr 2003.

PINE & POLK

Nachmittags schwingt ein Wandregal auf und enthüllt die angrenzende Cocktailbar

300 Spring Street, Manhattan, 10013
646-599-6382
pineandpolk.com
Lebensmittelmarkt: Dienstag bis Sonntag 11–20 Uhr
Bar: Dienstag bis Donnerstag 16–24 Uhr; Freitag & Samstag 16–1 Uhr

Der Lebensmittelladen Pine & Polk und die angeschlossene PS-Bar bilden einen sorgfältig kuratierten Kontrast von Licht und Dunkelheit, Tag und Nacht sowie West- und Ostküste.

Morgens fungiert der neu eröffnete Markt mit seinen großen Schaufenstern ausschließlich als Lebensmittel-Fachgeschäft. Vor weiß getünchten Wänden stehen helle Holzregale, auf denen skurrile Lebensmittel angeboten werden – zum Beispiel winzige Marmeladengläser, Olivenöle aus einheimischer Produktion und gut zubereitete Neuinterpretationen osteuropäischer Desserts. Nachmittags jedoch schwingt das türförmige(!), in die Wand eingelassene Regal (in dem handgeschöpfte Schokolade ausliegt) weit auf und gibt den Blick auf die Cocktailbar nebenan frei.

Im angrenzenden Raum, der durch schwere Vorhänge von der Straße abgeschirmt ist, wird der sonnige skandinavische Minimalismus des Lebensmittelgeschäftes von einer dunkel getäfelten, knapp 140 Quadratmeter großen Bar abgelöst. Hinter der schimmernden Bar, an der zwölf Personen sitzen können, befinden sich niedrige Sessel, Lounge- und Bänketttische sowie ein Tresen für fünf Personen. Insgesamt bietet der Raum 39 Sitzplätze.

Das Lebensmittelgeschäft ist nach zwei Straßen in San Francisco benannt: Pine & Polk. Die PS-Bar ist ein Akronym für Pacific Standard und „PS: Bleibt für Drinks". Lindsay Weiss und Alyssa Golub, die beiden Inhaberinnen des Pine & Polk, sind stolz auf den „separaten, aber ganzheitlichen" Charakter der beiden Räume. Viele Produkte, die der Laden anbietet, werden auch in der Bar verarbeitet und in die zwölf Hauscocktails und die Auswahl an Grazing Boards (Käse- und Wurstplatten), Sandwiches und Desserts integriert.

Das Pine & Polk befindet sich im Stadtteil West Side Highway, welcher eine Art Überhang von SoHo ist und derzeit in „Hudson Square" umbenannt wird. Die Einwohner und Büroangestellten des Viertels, die keine Zeit haben, am Schokoladenregal des Doppelunternehmens für ein Foto zu posieren, können im Geschäft hochwertige Gerichte zum Mitnehmen kaufen (zur Auswahl stehen verschiedene Wurstplatten und Teller mit eingelegtem Gemüse). Vor dem Geschäft werden sogar Blumensträuße zum Kauf angeboten.

Lindsay Weiss und Alyssa Golub sagen, dass sie mit ihrem Doppelkonzept nicht nur den Farbkontrast zwischen Tag und Nacht, sondern auf subtile Weise auch die Dinge einfangen wollten, die sie an der West- und Ostküste (wo sie beide voller Stolz lebten) am meisten lieben. Die Einrichtung und das Ambiente des Geschäfts sind hauptsächlich von ihrer Zeit in San Francisco inspiriert, und die beiden haben ihr Bestes getan, um die „Vibes der Westküste" (aber auch die der Ostküste) einzubringen.

CHEZ ZOU

Eine versteckte Cocktailbar, die genauso schick ist wie ihr Name

Suite 85, 385 9th Avenue, Manhattan, 10001
212-380-8585 – chezzou.com
Sonntag 14–24 Uhr; Montag 17–24 Uhr; Dienstag bis Freitag 17–1 Uhr;
Samstag 14–1 Uhr

Die Chez-Zou-Bar befindet sich Gebäudekomplex Manhattan West im Stadtbezirk Manhattan. Eingeweihte wissen natürlich, wie man auf kürzestem Weg zu den heiligen Cocktail-Quellen gelangt – aber wir halten hier nicht hinterm Berg.

Also: Um zum Chez Zou zu gelangen, betritt man zunächst das Restaurant Zou Zou's im Erdgeschoss, sucht dort die Empfangstheke, betritt den Fahrstuhl, der sich dahinter befindet, und fährt in den vierten Stock. Dort erwartet Sie ein überaus eleganter Raum mit einzigartig gemustertem schwarz-weißem Fußboden, geschwungenen Polsterbänken und geschmackvoll verspiegelten Deckenleuchten. Überall stehen große, dicht belaubte Pflanzen. Die Terrasse ist mit ebenfalls unzähligen Pflanzen dekoriert und bietet schattige türkis- und rosafarbene Sitzplätze unter gestreiften Sonnenschirmen vor dem Hintergrund der riesigen gläsernen Wolkenkratzer, die sich über den Köpfen der Gäste auftürmen.

Joey Smith, der ehemalige Chef-Barkeeper des NoMad, ist sowohl im Chez Zou als auch im Zou Zou's als Chefsommelier tätig. Smith hat von Dave Arnold (dem „Vater des Hightech-Cocktails") innovative Techniken erlernt. Dieses Wissen hat er in die Getränkekarte der Chez-Zou-Bar einfließen lassen, deren Cocktails sowohl traditionelle Aromen aus der Levante als auch „beliebte Zutaten der New Yorker Cocktailszene" enthalten, so Smith.

„Ein Cocktail im Chez Zou soll Sie gleichzeitig in ferne Welten entführen und Ihnen das Gefühl geben, ein zweites Zuhause gefunden zu haben", schwärmt Smith. „Wenn der letzte Anruf erledigt ist und Sie die hell erleuchteten Straßen des nächtlichen Manhattans betreten, sollte Ihr Aufenthalt im Chez Zou wie ein schöner Traum nachklingen – mit dem Unterschied, dass Sie diesen Traum jeden Abend in der West Side neu erleben können."

Präsentationstechnisch zeigt sich dies in Cocktails, die „Bourbon und Banane, Mezcal und Nelke, weißen Rum, Dill und mehr" kombinieren. Es gibt auch eine mediterran inspirierte Speisekarte, die Häppchen und Gerichte zum Teilen bietet, aber weit weniger umfangreich ist als die Speisekarte des Restaurants eine Etage tiefer.

Unten, im Zou Zou's, das über hohe Decken und 75 Sitzplätze verfügt, befindet sich eine offene Küche mit einem Holzofen in der Mitte. Das Restaurant bietet eine üppige Speisekarte mit moderner orientalisch-mediterraner Küche, wobei die Köche ihre Inspiration „unter anderem" aus dem Libanon, Israel, der Türkei, Ägypten, Syrien und Jordanien beziehen. Es gibt mehr Brotsorten als in manchen Bars Bier – gegrillte Bazlama (türkisches Dorfbrot), frisch gebackene Talami (libanesische Focaccia) und Kubaneh (jemenitisches Zopfbrot) mit Honigbutter, um nur einige zu nennen.

© Alix Piorun

THE 1850 SPEAKEASY

Eine Bar in einer Flughafen-Lounge

Terminal 4 (level 4), JFK Airport, Queens, 11430
thecenturionlounge.com/locations/jfk
Täglich 5–22 Uhr

Die Luft in dieser exklusiven Bar mag genauso abgestanden und wiederaufbereitet wie im Rest des Internationalen Flughafens John F. Kennedy sein. Dennoch kann man hier erst mal verschnaufen, wie im Auge eines Sturms, der draußen tobt.

Die Centurion Lounge am Flughafen JFK ist nur für Inhaber der American Express Card zugänglich. Sie ermöglicht es Reisenden, in einem abgesperrten Bereich eine kleine Pause einzulegen, egal, ob sie ihre Reise gerade beginnen oder sie beenden. Die Lounge befindet sich hinter der TSA-Sicherheitskontrolle (TSA steht für Transportation Security Administration) und ist damit nur zugänglich für Leute, die wirklich auf Reisen sind. Sie liegt im weitläufigen Terminal 4 des Flughafens, gleich hinter der Sicherheitskontrolle links von den Rolltreppen, die zu den Flughafengates führen.

Drinnen ist die Lounge erstaunlich geräumig (vor allem im Vergleich zum Flugzeug): Sie verfügt über zwei voll ausgestattete Bars und einen Raum im Flüsterkneipenstil, der sich über eine Fläche von fast 1.400

Quadratmetern erstreckt. Es gibt eine zweistöckige Gästelounge, einen Spa- und Wellnessbereich von Equinox (der speziell für Leute gedacht ist, die sich auf ihren Flug vorbereiten wollen), sechs Räume, die jeweils einem anderen Wahrzeichen oder einer anderen Epoche von New York gewidmet sind – und das 1850 Speakeasy, das sich hinter einer kupfergetäfelten Wand verbirgt.

Das 1850 Speakeasy (benannt nach dem Gründungsjahr von American Express), soll an die Zeit der Prohibition erinnern, aber auch an den „Stil, die Geschichte und den Glamour New Yorks", sagt Pablo Rivera, der Geschäftsführer der Global Lounge Experiences von American Express.

Rivera zufolge ist die JFK-Lounge die größte Flughafen-Entspannungslounge, die das AmEx-Netzwerk zu bieten hat. Die meisten anderen Flughafen-Lounges sehen nahezu identisch aus – ein Versuch des Unternehmens, die modernen Flughäfen, die meist sehr hässlich sind, nach Schema F etwas schöner zu gestalten. Darüber hinaus befinden sich die kleineren Lounges auch in Städten, die nicht so groß sind wie New York.

Hungrig? Der Küchenchef Ignacio Mattos (der bereits vier Mal für den James Beard Award nominiert war) hat das Speisenangebot der Lounge kreiert, das unter anderem Farro-Risotto mit Wildpilzen, Brasato al Barolo und Buttermilchpfannkuchen mit karamellisierten Äpfeln, Vanille und Kardamom umfasst.

© Alix Piorun

J. BESPOKE

Dieser exklusive Rückzugsort für Sportfans ist nur über eine unscheinbare Tür im hinteren Bereich eines Coffee-Shops zu erreichen

121 E 27th Street, Manhattan, 10016
212-213-2931
jbespoke.com
Montag bis Samstag 17 Uhr bis open end; Sonntag geschlossen

Eine Sportbar, aber mit „Bougie und Stil": Das ist das Konzept von J. Bespoke, einer exklusiven Lounge mit 50 Sitzplätzen, die über einen Coffee-Shop zu erreichen ist. Die Bar ist an kein festes Sportteam gebunden, die Sitzplätze an der Bar sind keine Hocker, und Bier zu verschütten wäre hier ein echter Fauxpas. Der Schwerpunkt liegt hier nicht auf Bier, sondern auf 18-Dollar-Cocktails vom Fass.

„Dieses Haus ist ein exklusiver Zufluchtsort für Sportfans und deren Freunde, die eine exklusive Cocktailnacht erleben wollen", sagen die Inhaber der Bar, die Brüder Jesse und Eric Jacobs. Die beiden glauben, dass sie eine „unerschlossene Nische" gefunden haben: einen Ort für Sportfans, die Sportveranstaltungen nicht in großen, laut mitfiebernden Gruppen anschauen wollen. Stattdessen adressieren sie Besucher, die sich lieber in eine gediegene Bar-Klausur begeben wollen, lieber auf Polsterbänken und sorgfältig arrangierten Sesseln ohne Armlehne sitzen und das Spiel in einer Bar anschauen möchten, die optisch eher an einen Konferenzraum erinnert und das Wort „bespoke" („nach Maß") in ihrem Namen trägt.

Die meisten Spiele werden ohne Ton gezeigt. Eine Ausnahme bilden die Super-Bowl-Events (die – anders als die übrigen Spiele – auf einer Spezialleinwand übertragen werden): Bei diesen Spielen werden die Ansagen der Kommentatoren durch eine musikalische Untermalung ersetzt, die gerade so laut ist, dass sich die Gäste noch unterhalten können. Wenn das Spiel beendet ist, werden die Fernseher „versteckt" oder auf digitale Kunst eingestellt, damit nur noch „Cocktails, Häppchen und Musik im Mittelpunkt stehen".

Das J. Bespoke serviert nicht die üblichen Bargerichte (wie Pub-Käse), sondern kredenzt eine Platte mit Wurstdelikatessen für 22 US-Dollar. Es werden keine Erdnüsse, sondern Würznüsse gereicht. Es gibt auch Hühnerflügel, aber die kosten 16 US-Dollar und werden im „Oreganata"-Stil zubereitet. Auch Pommes Frites sind im Angebot: Waffelpommes mit „feinem Meersalz" für neun US-Dollar.

Die Jacobs-Brüder betrachten sich als Pioniere auf dem neu entdeckten Markt der anspruchsvollen Sportliebhaber, die Spiele ihrer Mannschaften in einem mit Samt ausgekleideten und in Messingtönen dekorierten Hinterzimmer sehen wollen – ein Zimmer, das ausschließlich durch eine unscheinbare Tür im hinteren Bereich eines Coffee-Shops zugänglich ist. Hier gibt es keine klebrige Bar, keine Trikots des Heimteams an den Wänden und keine Bier-Shot-Specials: Die Bar des J. Bespoke ist glatt, die Wände sind mit Holz verkleidet und mit Kunst geschmückt, und der vorgelagerte kolumbianische Coffee-Shop Devoción ist bekannt für seine „Kaffee-Kirsch-Tee"- bzw. „Cascara"-Bar.

EDIE'S

Eine Bar in einer Bar, versteckt hinter großen gemalten Lippen

380 3rd Avenue, Manhattan, 10016
212-686-6380
thefactory380.com/private-events-venue/speakeasy-bar-2
Nur für Privatveranstaltungen geöffnet

In dieser Andy-Warhol-Bar im Stadtviertel Kips Bay wurde ein „Easter Egg" platziert (eine „versteckte Überraschung", wie man sie häufig in Games, Filmen oder Serien findet), das nur Eingeweihte finden können. Die Rede ist von einem geheimen Zimmer namens Edie's, das sich am Ende der Hauptbar befindet. Es dient als Location innerhalb einer Location und als Bar innerhalb einer Bar. Dieser zweite Schankraum, der nach dem verstorbenen Fashion-Model (und Warhol-Muse) Edie Sedgwick benannt ist, befindet sich hinter einer Rückwand, an der große gemalte Lippen prangen. Diese zweite Kneipe findet man nur, wenn man fragt, was sich hinter dieser Wand verbirgt.

Wenn Ihnen der Zutritt gewährt wird, gehen Sie einen schmalen Flur entlang, an dessen Wänden in knallpinken Sprühfarben geschrieben steht: „Hier gibt es nichts zu sehen". Am Ende des Flurs treten Sie durch eine schwarze Stahltür – und gelangen in einen viel kleineren, verspiegelten und in Metalltönen gestrichenen Raum mit einer eigenen, von unten beleuchteten Bar, Marmortischen und einem winzigen Kronleuchter an der schrägen Decke. Im Grunde ist das Edie's ein etwas ruhigerer Ableger der großen, oft sehr lauten Hauptbar, in der das übliche Publikum von Kips Bay verkehrt.

Es gibt auch ein Wandgemälde des Graffitikünstlers Jules Muck zu sehen, das Edie Sedgwick darstellt. Das „It-Girl" der 1960er-Jahre, einer der Superstars von Warhol und eine langjährige Stilikone, verstarb 1971 im Alter von nur 28 Jahren tragischerweise an einer Überdosis.

An einer Wand finden sich weitere Anspielungen auf Warhol: Selbstporträts sowie eine kuratierte Sammlung von Fotos aus dem Studio 54 (in dem Warhol häufig zu Gast war) und anderen Orten des Nachtlebens, die er gern besuchte. Die roten Polsterbänke, ein Teppich mit Leopardenmuster, ein Neonschild mit der Aufschrift „I Wish I Could Paint Our Love" und eine Discokugel sorgen für noch mehr Flair. An der rosa gestrichenen Wand steht eine Redewendung geschrieben, die Warhol gern benutzte: „But I Always Say, One's Company, Two's A Crowd, And Three's A Party" („Wie ich immer sage, mit einem ist man nicht allein, mit zweien ist es ein Menschenauflauf, und bei dreien wird's eine Party").

Der Name der Bar ist natürlich eine Anspielung auf Warhols berüchtigtes Studio: The Factory. Die komplett ausgestattete Bar bietet eine Getränkekarte mit „Factorytails", die jeweils 14 US-Dollar kosten (zum Beispiel einen Cocktail namens Camera Adds 10 Lbs, der auf Gin und St.-Germain-Likör basiert, oder den Cocktail You're On Mute, der mit Ananas und Tequila zubereitet wird). Außerdem gibt es eine umfangreiche Speisekarte mit klassischer amerikanischer Diner-Küche und Bar-Häppchen sowie einigen kreativen Speisen wie Pfirsich-Habanero-Speck-Burrata-B.L.T. und einen Lavakuchen aus Keksteig (das einzige Dessert des Hauses).

BAR CALICO

Diese Bar mit dem Flair des amerikanischen
Südwestens kann man leicht übersehen

23 Lexington Avenue (second floor), Manhattan, 10010
barcaliconyc.com – managers@georgiaroomnyc.com
Montag bis Donnerstag 17–23 Uhr; Freitag & Samstag 17–1 Uhr

© Alix Piorun

Von außen weist kein Schild darauf hin, dass sich in diesem Hotel im Flatiron District die Calico Bar befindet, und selbst drinnen im Hotel ist die sanft beleuchtete Kneipe im Stil des amerikanischen Südwestens leicht zu übersehen.

Das Calico wurde von Matt Kliegman und Carlos Quirarte gegründet – dem Team, das auch hinter dem Ray's (das sehr beliebt bei Prominenten ist) und Pete Davidsons Pebble Bar steckt. Die mit Kerzen beleuchtete Bar befindet sich am Ende eines dunklen Flures im zweiten Stock des *Freehand Hotels*. Die Einrichtung ist von der Mutter des amerikanischen Modernismus – Georgia O'Keeffe (1887–1986) – und ihrer Ghost Ranch in New Mexico inspiriert, die der verstorbenen großen Malerin als Wohnhaus und Atelier diente.

Auch die Cocktailkarte, die von Chef-Barkeeper Mike Campbell entwickelt wurde, ist von Georgia und ihrer Ghost Ranch inspiriert. Der Schwerpunkt liegt auf Cocktails mit Wüstenmotto: „trockenen" Drinks mit „unverschämten Aromen". Der Name der Bar stammt von O'Keeffes Kunstwerk *Cow's Skull with Calico Roses* (*Kuhschädel mit Kaliko-Rosen*), welches die Malerin im Jahr 1931 schuf.

Die 84 Quadratmeter große Lounge im Ostflügel des Freehand Hotels wurde vor ihrer Eröffnung im Jahr 2021 einer Renovierung unterzogen, die sich darauf konzentrierte, die historische Architektur des Bauwerks zu erhalten. Die originalen Travertin-Böden, Deckenleisten und Holzelemente wurden so restauriert, dass sie nun wieder aussehen wie im Jahr 1930, als das Hotel erbaut wurde (damals unter dem Namen George Washington Hotel).

Die patinierte Bar (mit zehn Sitzplätzen) stammt noch aus der Prohibitionszeit – aus einem Speakeasy in Chicago. Die Bar ist mit Naturtextilien und stimmungsvoller Beleuchtung ausgestattet, welche dem Raum das Flair einer Künstlerstube verleihen sollen. Möchten Sie woanders noch eine zweite Runde trinken? Im *Freehand Hotel* kann man gleich bei mehreren Bars (und einem Restaurant) vorbeischauen.

Das erst kürzlich auf der anderen Seite des Stockwerks eröffnete Lokal Georgia Room ist ähnlich ausgestattet wie das Calico, es soll dort aber etwas lebhafter zugehen: Die Bar bietet Platz zum Tanzen unter einer avantgardistischen Discokugel, die von der Decke hängt. Die zwei Bars sind durch einen Event-Raum namens Studio verbunden, in dem ebenfalls eigene Veranstaltungen stattfinden.

Im Hotel befinden sich außerdem das Smile To Go Cafe, das Restaurant Comodo und die Bar Broken Shaker. Das Restaurant Comodo im Erdgeschoss kredenzt Naturweine und lateinamerikanische Küche; das Broken Shaker (mit Standorten in Los Angeles, Miami und Chicago) serviert Drinks und bietet eine eigene Speisekarte für alle, die sich auf das Dach des Hotels wagen.

GAONNURI

Dieses koreanische Restaurant in der obersten Etage eines Bürogebäudes bietet einen fantastischen Ausblick!

1250 Broadway, 39th Floor, New York, NY 10011
212-971-9045 – gaonnurinyc.com
Montag bis Donnerstag und Sonntag ab 17.30 Uhr;
Freitag & Samstag 17 – 24 Uhr, Sonntag 17 - 23 Uhr
Bahnlinien: Train B, D, F, M, N, Q und R/Station Herald Sq oder 34th St
Mittelpreisig bis teuer

In Koreatown (einem Viertel an der 33rd Street nahe dem Herald Square) gibt es so viele Restaurants, dass man schon einen guten Grund haben muss, um dem Gaonnuri – einem der luxuriösesten Restaurants in diesem Stadtgebiet – einen Besuch abzustatten.

Und hier ist er: Das Restaurant, das sich im 39. Stock eines unauffälligen Bürogebäudes am 1250 Broadway befindet, bietet einen atemberaubenden Panoramablick auf die Stadt: einen 180-Grad-Blick auf Midtown Manhattan, der vom Hudson River über Jersey City und den Herald Square bis zum Bryant Park und zum MetLife Building auf dem Grand Central Terminal reicht. In einer Ecke des Restaurants steht man direkt gegenüber vom Empire State Building.

Das Gaonnuri ist sehr geräumig und komplett von hohen zweireihigen Horizontalfenstern umschlossen. Mit seiner halbkreisförmigen Architektur erinnert das Restaurant fast an ein Theater. Die Tische an den Fenstern sind mit Grillbereichen ausgestattet, deren Design jedoch so schlicht ist, dass man den Grill nicht sieht, wenn er abgedeckt ist.

Man merkt, dass das Gaonnuri große Stücke auf sich hält: Das beginnt schon bei der Einrichtung und der Kleiderordnung des Restaurants. Ein Schild ermahnt: „Bitte tragen Sie angemessene Kleidung"; darunter folgt eine Liste von Kleidungsstücken, die die Gäste „nicht tragen sollen", wie zum Beispiel Sportkappen, weite oder zerrissene Jeans, Tanktops, Flip-Flops und Turnschuhe.

Besuchen Sie das Restaurant am besten mittags – dann gibt's die besten Angebote. Zum Mittagessen werden zwei Bansang (deutsch: „Gerichte") serviert: Bulgogi (traditionell mariniertes, in Streifen geschnittenes Rib-Eye-Steak) für 20 US-Dollar oder Kalbi („Beef Short Ribs", marinierte Rinderrippchen) für 25 US-Dollar. Beide werden auf einem Holztablett mit Reis, Suppe und individuellen Beilagen, den sogenannten Banchan, kredenzt.

Die Banchan können immer wieder aufgefüllt werden, und neben Klassikern wie Kimchi und Spinat gibt es auch einige Beilagen, die in anderen koreanischen Restaurants des Viertels nicht serviert werden, wie zum Beispiel ein Banchan aus eingelegten Glockenblumen, Gurken und Tintenfisch. Das Bulgolgi Bansang wird mit einer Scheibe Kürbis auf einem Bett aus Zwiebeln und Schalotten serviert.

Der „Barbecue Lunch" kostet ab 23 US-Dollar aufwärts für Hühnerfleisch sowie mindestens 25 US-Dollar für Bulgolgi und in Streifen geschnittenen Schweinebauch.

Und da das Restaurant gerne von Touristen und Geschäftsleuten besucht wird, überrascht es nicht, dass auch eine umfangreiche Getränkekarte mit Spirituosen, Wein und Cocktails zur Verfügung steht. Lange Rede, kurzer Sinn: Das Essen ist gut, aber der Ausblick ist besser.

JEWEL THIEF

Ein ungeschliffener Diamant

30 W 30th Street, Manhattan, 10001
646-547-1408
jewelthiefnomad.com
Mittwoch bis Samstag 17–2 Uhr

© Alix Piorun

Die kleine Kellerbar Jewel Thief liegt nur einen Block vom neonbeleuchteten Viertel Koreatown entfernt und ist ein echter Rohdiamant. Von der Straße aus kann man das Neonschild sehen, das über der Treppe prangt. „Thick as Thieves" („Dicke Freunde") steht darauf geschrieben.

Unten erwartet Sie ein Flur, der mit Glaselementen und filigranen Leinwänden versehen ist und direkt zur Hauptbar führt – ein äußerst Instagram-tauglicher Kneipeneingang.

Drinnen bietet das Jewel Thief ein fröhliches Gespann aus zusammengewürfeltem opulentem Kitsch und wahrhaft saftigen Preisen. Einige Dienstleistungen sind zwar richtig VIP: Es gibt einen eigenen Raum extra für Tastings (Verkostungen von zum Beispiel Wein, Whiskey, Bier …) und Bottle-Service (mit einer Tischreservierung bestellt man gleich eine Flasche Champagner oder sonstiges Hochprozentiges dazu und genießt eine bevorzugte Behandlung). Allerdings ist die Einrichtung von einem albernen Juwelenraub-Motto geprägt. All dies zusammen ergibt eine kontrastreiche Kombination aus Selbstironie und Reminiszenzen an den Film *Der rosarote Panther*.

Das Jewel Thief ist „eine exotische, verborgene Zuflucht. Hier können Diebe aus aller Welt Entspannung finden, inmitten der luxuriösen und prachtvollen Schätze, die sie gekonnt erbeutet haben. Dabei genießen sie nur das Erlesenste, was die Karte zu bieten hat und ihren hohen Ansprüchen genügt" – mit diesen Worten beschreibt sich die Bar selbst im Internet. Im Hauptraum stehen ab und zu Badewannen und menschengroße Champagnergläser herum; hier finden auch regelmäßig Varietéshows statt, zum Beispiel eine interaktive wöchentliche Performance namens „The Heist" (deutsch: „Der Raub").

Das Jewel Thief wurde im November 2021 eröffnet und befindet sich unter dem italienischen Restaurant Spritz. Die Bar besteht aus einem Hauptraum und einem Hinterzimmer, das den Namen „The Vault" trägt (deutsch u. A. „Schatzkammer, Tresorraum, Gewölbe …"). Der juwelengeschmückte Vorderraum ist mit Miniaturgewölben, alten Schatztruhen, Kronleuchtern (die aus Kristallkaraffen bestehen) und Samtpolsterecken ausgestattet. Die Einrichtung der Bar ist geprägt von freiliegenden Balken, Neonschildern und einer grellbunten Beleuchtung. Die Atmosphäre ist auf gute Weise sinnlich und sexy.

Die Speisekarte ist wie eine alte Zeitung gestaltet (sie heißt *The NoMad Times*) und präsentiert die Cocktails – die jeweils 22 US-Dollar kosten – als Kriminalfälle, an deren Ende jeweils die geschätzte Beute der Diebe sowie die Zutaten aufgelistet sind. Möchten Sie den größten Juwelenraub der amerikanischen Geschichte trinken? Das wäre dann der Cocktail The Jupiter mit Tequila, Pfirsich, Limette und Mango-Likör von J. F. Haden's.

THE BACK ROOM

Das Prohibitions-Speakeasy von Meyer Lansky und Lucky Luciano

102 Norfolk Street, New York, NY 10002
212-228-5098
backroomnyc.com
Sonntag und Montag 19.30–2 Uhr; Dienstag bis Donnerstag 19.30–3 Uhr;
Freitag und Samstag 19.30–4 Uhr
Montagabends wird Live-Jazz gespielt.
Bahnlinien: Train F, J, M und Z/Station: Essex Street oder Delancey Street
Mittleres Preissegment

Stellen Sie sich Folgendes vor: Ihre Reiseführerin biegt um die Ecke und führt Sie von der belebten Rivington Street, wo die Neonreklamen zahlreicher Bars leuchten, in eine ruhige Seitenstraße. Sie haben das Ende der Straße fast erreicht, als sie ein kleines Metalltor öffnet (auf dem in Druckbuchstaben „Lower East Side Toy Company" geschrieben steht). Sodann führt sie Sie die Treppe hinunter und in eine dunkle, schmutzige Gasse. Gerade als Sie sich fragen, ob die Reiseführerin Sie vielleicht erstechen will, werden Sie eine weitere Treppe hinaufgeführt. Dort wartet ein Türsteher, der Sie nach einem Passwort fragt und Ihnen dann die Tür öffnet. Sie treten in eine andere Epoche ein … Hier gibt es goldgerahmte Gemälde auf roten Damast-Tapeten, eine verspiegelte Mahagoni-Bar, antike Kronleuchter aus geschliffenem Glas, viktorianische Samtsofas und Couchtische aus Marmor. Die Leute trinken Cocktails in Teetassen und Bier aus Papiertüten. Dies alles ist aber nicht nur eine weitere Nachbildung der Vergangenheit: Dies war die Lieblingsbar von Meyer Lansky. Er und Lucky Luciano (zwei der berüchtigtsten New Yorker Gangster der Prohibitionszeit) kamen hierher, um „Geschäftstreffen" mit Leuten wie Bugsy Siegel und Frank „dem Premierminister der Unterwelt" Costello abzuhalten.

Als Johnny Barounis und Steven Yee, die aktuellen Besitzer des Back Room, die Räume der Bar sanierten, entdeckten sie in dem Restaurant, das sich über der Bar befindet, eine Falltür. In der Prohibitionszeit stiegen Gangster und Schmuggler durch diese Falltür in den Keller hinab, der ihnen Fluchttunnel in die Norfolk Street, die Suffolk Street und die Delancey Street bot, falls die Polizei auftauchte.

Der Raum wurde seit der Prohibitionszeit durchgängig als Bar genutzt, aber das bedeutet nicht, dass er immer so schick aussah. Als Barounis und Yee kamen, verbrachten sie etwa acht Monate damit, die ursprüngliche Schönheit der Bar wiederherzustellen. Sie rissen die Wandverkleidung ab, um die darunter liegenden Backsteine freizulegen, sanierten die Holzböden und suchten nach Antiquitäten, um die Bar zeitgemäß zu dekorieren. „Wir wollten, dass hier ein Speakeasy entsteht", sagt Yee, „aber dazu gehört mehr als nur ein versteckter Eingang. Der Unterschied liegt immer darin, auf welche Weise man sein Haus führt."

Das bedeutet auch, dass sie keine Unruhestifter dulden. Die Eingänge werden – genau wie zu Lanskys Zeiten – bewacht, und nur einige wenige glückliche Gäste dürfen auch den versteckten Hinterraum des Back Room betreten. Denn selbst wenn Sie das Bücherregal mit der Geheimtür finden, bedeutet das noch lange nicht, dass Sie in diese zweite versteckte Bar hineingelassen werden.

Im Back Room ist es jeden Abend schön, aber montagabends wird die Bar durch Live-Jazz belebt. Die Band beginnt um 21 Uhr zu spielen; die Leute fangen gegen 22 Uhr an zu tanzen.

BEAUTY & ESSEX

Schicker Nachtclub hinter einem Pfandleihhaus

146 Essex Street, New York, NY 10002
212-614-0146 – beautyandessex.com – Moderat bis teuer
Täglich 17–1 Uhr; Samstag & Sonntag Brunch 11.30–15 Uhr
Bahnlinien: Train F, J, M und Z/Station: Delancey Street oder Essex Street

Begehen Sie keinen Fehler: Beauty & Essex ist nicht für jedermann gedacht. Wer in der falschen Kleidung (also „underdressed") auftaucht, kommt nicht an dem Pfandleihhaus vorbei, das dem luxuriösen

Nachtclub als Fassade dient. Der mintgrüne Retro-Shop, der sich vor dem Nachtclub befindet, ist eindeutig ein Gimmick – aber zumindest ein lustiges. Der geschäftsführende Partner Jared Boles sagt, der Club habe den „Schlüsselloch-Effekt", und das stimmt tatsächlich: Von außen wirkt die Bar klein, aber je tiefer man sich hineinbegibt, umso größer und luxuriöser wird dieses edle Nachtlokal.

In dem Gebäude in der Nähe des Essex Street Market befand sich über 100 Jahre lang das Möbelgeschäft M. Katz, und wenn man die riesigen Clubräume mit ihren hohen Decken sieht, kann man sich gut vorstellen, wie das Möbelgeschäft einst ausgesehen haben mag. Als die Geschäftsführer der Tao Group (die führenden Köpfe hinter zwanzig Restaurants, Bars und Clubs in New York und Las Vegas) das 930 Quadratmeter große Gebäude in die Hände bekamen, ließen sie das Bauwerk komplett entkernen und von Grund auf neu errichten. Jetzt verströmt das Lokal theatralischen Luxus und eine Retro-Glam-Atmosphäre, die an die Restaurants erinnert, die Don Draper und Roger Sterling (fiktive Figuren in der TV-Serie *Mad Men*) gern mit Kunden besuchten, die von außerhalb kamen und sich gerne mal danebenbenehmen wollten.

Beim Design der Einrichtung ließ sich die Tao Group von Vintage-Schmuck inspirieren: Alle vier Speisesäle und Lounges sind diesem Motto gewidmet. Für das Wandbild im Erdgeschoss mit seinen überdimensionalen goldenen Blumen diente eine antike Brosche als Vorlage. Die miteinander verzahnten antiken Spiegel im Obergeschoss sind dem Armband der Mutter eines Geschäftspartners nachempfunden. Der „Locket Room" (der Speiseraum im Obergeschoss) ist mit vergoldeten Bilderrahmen ausgestattet, die statt Gemälden Medaillons enthalten. (Die Mitarbeiter stecken gerne lustige Fotos und Bilder in die Medaillons – öffnen Sie die Schmuckstücke und schauen Sie selbst nach). Ein Perlenkronleuchter bildet den Mittelpunkt der „Pearl Lounge", wo DJs auflegen und bis in die frühen Morgenstunden getanzt wird. Das Glanzstück des Clubs ist jedoch der lange Kristall-Kronleuchter, der über der großen Prunktreppe hängt.

Das Schmuckmotiv findet sich auch in der Speisekarte, die Cocktails wie Emerald Gimlet („smaragdgrüner Gimlet": Basilikum gemixt mit Wodka, Limette und Zuckersirup) und Earl the Pearl bietet. Es gibt ein umfangreiches Angebot an Gerichten zum Teilen („Sharing Plates"), bestehend aus einem Kulinarik-Mix verschiedener Landesküchen, darunter einen ganzen Abschnitt mit verschiedenen „Juwelen auf Toast" (zum Beispiel Avocado mit Zitrone und Piment d'Espelette auf Brioche). Sternekoch Chris Santos hat die Speisekarte kreiert und dabei jede Gelegenheit genutzt, um mit Wortwitz und Geschmackskombinationen zu spielen: Ein gutes Beispiel dafür sind die Thunfisch-Poke-Wonton-Tacos – knusprige Wonton-Wraps in Form von Tacos, die mit Thunfisch-Tatar gefüllt und mit Mikrokoriander, Rettich und Kewpie-Wasabi garniert werden.

FIG. 19

Cocktailbar hinter einer Kunstgalerie

131½ Chrystie Street, New York, NY 10002
info@figurenineteen.com
figurenineteen.com
Dienstag bis Samstag 20–4 Uhr; Sonntag 18–2 Uhr
Bahnlinien: Train B und D/Grand St; sowie Train J und Z/Bowery
Mittleres Preissegment

Um zum Fig. 19 (Kurzwort für Figure 19, übersetzt „Abbildung 19" – eine Reminiszenz an Abbildungen in wissenschaftlichen Sachbüchern) zu gelangen, muss man durch die Lodge Gallery gehen, die sich über dem beliebten Keller- und Tanzclub Home Sweet Home befindet, und die Tür ganz hinten in der Lounge öffnen. Einmal angekommen, fühlt man sich sofort wie zu Hause. Das Fig. 19 wurde von den Besitzern des Home Sweet Home als Clubhaus für die Mitarbeiter des Hauses eingerichtet. Home Sweet Home ist seit 2006 eine feste Institution in der Lower East Side. Mit der Eröffnung des Fig. 19 im Jahr 2011 erhielt die holzverkleidete und mit Tierpräparaten dekorierte Bar darunter ein kleines Update. Anfangs war es nur den Freunden und Familien der Mitarbeiter vorbehalten, aber jetzt ist die Bar offen für jeden, der weiß, wie sie zu finden ist.

Alles hier ist so warm und gemütlich eingerichtet wie ein New Yorker Wohnzimmer – die Holzdielen und freigelegten Ziegelwände sind noch im Original erhalten. Die hölzerne Vintage-Bar ist von schlichten Barhockern gesäumt und verfügt über maßgefertigte Wasserhähne, die aus Rückenwirbeln von Tieren bestehen. Überall in der Bar sind Duftkerzen aufgestellt. Die Wände sind gesäumt von Ecksofas, und auf dem kerzenbeleuchteten Kamin thront ein ausgestopfter Pfau.

An der Decke hängen lange, mit Glassteinen besetzte Kronleuchter; ein solcher Kronleuchter hängt auch über dem alten Holztisch im hinteren Bereich der Bar – ein toller, gemütlicher Ort für Gruppen.

Die Kunstwerke, die im Fig. 19 zu sehen sind, wurden von Freunden der Barbetreiber ausgewählt; in einer großen, maßgefertigten Vitrine am Eingang werden Kuriositäten wie ausgestopfte Vögel, Schädel und Kerzenständer aus Tierhufen ausgestellt. Beeindruckend ist auch die Wachsbüste einer weinenden Frau, deren „Tränen" entstanden, als das Personal beschloss, die dazugehörige Kerze abzubrennen.

Beim Blick nach oben stellt man fest, dass die Rohre freiliegen und die Decke entkernt ist. Das entspricht ganz dem Stil des Fig. 19: einer Bar, der es gelungen ist, die New Yorker Schickeria-Massen fernzuhalten, indem sie locker, cool und seinen Wurzeln treu geblieben ist.

In der Bar wird Musik wie Urban Americana gespielt – eine Reminiszenz an die Sounds der Indie-Musikszene Brooklyns in den frühen 2000er-Jahren, mit Verweisen auf Bands aus den 1980er-Jahren wie zum Beispiel Depeche Mode.

Die Craft-Cocktails des Fig. 19 sind geschmackvolle Variationen klassischer Cocktails, die je nach Jahreszeit leicht abgewandelt werden. Vor der Lodge Gallery wartet fast immer ein Türsteher, aber keine Sorge: Sagen Sie ihm, dass Sie auf dem Weg ins Fig. 19 sind, winken Sie den Mitarbeitern der Lodge Gallery zu und gehen Sie in aller Ruhe zur Hintertür.

BLIND BARBER

Ein Barbershop, hinter dem sich ein Tanzclub verbirgt

339 East 10th Street, New York, NY 10009
212-228-2123 – blindbarber.com
Bar im Hinterzimmer: Montag bis Samstag 18–4 Uhr
Barbershop: 12–21 Uhr (Sonntag 12–18 Uhr)
Bahnlinie: Train L/1st Av
Mittleres Preissegment

Das Blind Barber wurde im Jahr 2010 eröffnet. Mittlerweile gibt es weitere Standorte in Williamsburg und Los Angeles. Blind Barber

ist die Neuerfindung eines beliebten Tanzclubs, der sich einst an diesem Ort befand; der Eingang zum Club führt durch einen Barbershop mit zwei Sitzplätzen – ein echter Salon, keine Deko. Das Design des Barbiergeschäfts erinnert an eine Zahnarztpraxis aus den 1950er-Jahren (sogar die Friseurwerkzeuge liegen auf alten Beistellwagen, auf denen sich einst Zahnarztinstrumente befanden). Der Eingang zur Bar im Hinterzimmer verbirgt sich hinter einer Schiebetür, die zu einer großen Lounge führt. Der Name „Blind Barber" ist eine Anspielung auf die Namen, die Speakeasy-Bars während der Prohibition hatten (zum Beispiel „Blind Tiger" oder „Blind Pig") – eine Botschaft an die Polizisten, ein Auge zuzudrücken und die Aktivitäten, die hinter den Kulissen vor sich gingen, zu ignorieren. Der Stil der Bar ist ein wenig skurriler, als es der Begriff „Prohibition" impliziert. Die Bar wurde vom Architekturkollektiv Emporium Designs designt und um einige persönliche Akzente der Inhaber ergänzt. Einer der Besitzer wollte unbedingt einen Abakus in der Bar haben, und so baute man in den Überbau oberhalb der Tanzfläche tatsächlich einen Abakus ein.

Alle Besitzer der Bar haben gerahmte Fotos ihrer Großeltern an die Wände gehängt, aber die meisten Fotografien wurden inzwischen von betrunkenen Gästen gestohlen. Es gibt ein buntes Durcheinander von Einrichtungsgegenständen, die als Tische dienen: alte Truhen, Fässer und Fundstücke im Stil des Shabby Chic. Man sollte sich unbedingt die Bibliotheksstube im hinteren Bereich des Lokals anschauen (sie befindet sich hinter den Toiletten).

Die Cocktailkarte bietet verschiedene Klassiker des Hauses, die Namen wie Strawberry Fields („Erdbeerfelder": Wodka, Zitronensaft, Honig, Erdbeeren und Petersilie) und Smoke + Dagger („Rauch + Dolch": Whiskey, Combier mit Jalapeño-Infusion, Zitronensaft, Gurke und Ingwer) tragen.

Die Saisoncocktails wechseln jeweils im Herbst und im Frühling; das benachbarte Restaurant Gnocco bietet bis 22 Uhr Pizza an. Happy Hour ist täglich (wenn die Bar geöffnet ist) von 18 bis 21 Uhr. Abends ist viel los – die Tanzfläche ist immer rappelvoll.

Zurück zum Barbierladen: Der kleine Friseursalon profitiert von den freiliegenden Backsteinwänden des Gebäudes, das noch im Originalzustand erhalten ist. Die Einrichtung besteht aus antiken Metalltafeln, originalen Koken-Barbierstühlen und Holzstühlen, wie sie in Hörsälen zu finden sind. Ein alter Sterilisierapparat dient als Beistelltisch. Das zugrundeliegende Konzept spielt auf die früheren Barbiergeschäfte an, die so etwas wie Gemeinschaftszentren waren. Deshalb serviert der Barbershop ein Getränk zu jeder Rasur. Die Auswahl reicht von Schnaps bis hin zu Bier – Cocktails gibt's erst ab 18 Uhr, wenn die Bar öffnet.

BOHEMIAN

Japanisches Restaurant, in das man nur durch Empfehlung kommt

57 Great Jones Street, New York, NY 10012
Besuch nur durch Empfehlung
playearth.jp
Bahnlinien: Train N und R/8th St – NYU; Train B, D, F und M/Broadway –
Lafayette – Teuer

Exklusiver und geheimnisvoller wird es in New York nicht: Das Bohemian ist eine Restaurantbar, die man entweder nur durch eine Empfehlung von früheren Gästen besuchen kann, oder, falls einem niemand einfällt, kann man auch versuchen, sich über das Kontaktformular der Webseite zu bewerben. Nachts ist die Glasfassade von graffitibeschmierten

Metallrollos bedeckt, sodass das Bohemian noch schwerer zu finden ist. Wie dem auch sei, Sie werden nicht durch die Glastür dieses großartigen japanischen Restaurants spazieren, ohne Bewerbung vorab oder jemanden zu kennen, der schon einmal dort war. Die Telefonnummer wird sorgfältig gehütet.

Die Website ist in japanischer, englischer und spanischer Sprache verfasst und enthält lediglich eine mysteriöse Weltkarte, auf der alle Standorte des „Bohemian" verzeichnet sind, sowie Informationen über das Engagement des Unternehmens in der Katastrophenhilfe nach dem Erdbeben in Fukushima.

Das Restaurant hat die Schaufensterfront an die Metzgerei vermietet und bezieht sein Fleisch von dort. Das Gebäude selbst hat eine bewegte Geschichte: Das ehemalige Kutschenhaus diente dem Gangster Paul Kelly als Hauptsitz und Saloon, gehörte später Andy Warhol und war das letzte Wohnhaus des Künstlers Jean-Michel Basquiat (der im oberen Stockwerk verstarb).

Hinweise auf die Mission des Bohemian findet man auf der Website des Unternehmens: Dort kann man sich eine mit Tusche gezeichnete Weltkarte ansehen (die gleiche Karte hängt übrigens auch in den Toiletten und an der Wand des Restaurants). Der Besitzer des Bohemian will neben den bestehenden Restaurants in Tokio, New York und Bali auch Filialen in Hawaii, Deutschland und weiteren Ländern eröffnen, was die „Mitgliedschaft" in diesem exklusiven Dining-Club zu einer globalen Angelegenheit macht.

Auf der Weltkarte ist auch ein Ort in Jamaika verzeichnet: Es handelt sich um eine Mietimmobilie, und der Verwalter dieser Immobilie hat eine Platte mit jamaikanischen Künstlern aufgenommen, die eingerahmt auf der Toilette des Restaurants hängt.

Der Speiseraum hat eine ruhige, moderne japanische Ästhetik und sieht mit seiner Einrichtung aus niedrigen Plüschsofas und Samtstühlen fast wie eine Wohnung aus. Der in das Restaurant integrierte Steingarten bildet einen schönen Kontrast zur modernen Bar. Kunst durchzieht das gesamte Restaurant: An den Wänden hängen schöne Fotografien, und das Geschirr wurde von japanischen Künstlern designt. Den Mittelpunkt der beleuchteten Bar bildet eine geometrische Glasvitrine, in der die Spirituosen aufbewahrt werden.

Die Speisekarte bietet eine Mischung aus japanischer, französischer und amerikanischer Küche; die Gerichte zeichnen sich durch ihre Kreativität und ästhetische Präsentation aus. Das üppige Degustationsmenü kostet 58 US-Dollar und ist ein echtes Erlebnis, braucht aber Platz im Magen – man sollte vorher nichts oder nur ganz wenig gegessen haben.

GARFUNKEL'S

Die luxuriöse Speakeasy-Bar ist nur über einen Burgerladen im Erdgeschoss zu erreichen

67 Clinton Street (upstairs), Manhattan, 10002
212-529-6900
garfunkelsnyc.com
Dienstag bis Sonntag 18 Uhr bis open end

Als das Garfunkel's in der Lower East Side eröffnete, gab es ein Problem mit der Telefonverbindung. Die Bar war telefonisch einfach nicht zu erreichen. Doch letztlich stellte sich das als ein glücklicher Zufall heraus. „Die Leute konnten uns nicht kontaktieren, also sind sie einfach hergekommen", sagt Mitinhaber Valentino Gjekaj. Durch diesen doch recht geheimnisvollen Start (aufgrund des Technikversagens) wurde die Bar sofort ein Hit. Bis heute ist sie eine der bekanntesten Flüsterkneipen der Stadt (eine recht ironische Ehre).

Die kleine, schwach beleuchtete Bar, die die beliebte Prohibitions-Ästhetik ganz unverblümt präsentiert, bringt auf den Punkt, was viele erfolglos versuchen: eine glaubwürdige Flüsterkneipe im Stil der alten Zeit zu schaffen, deren thematische Präsentation die Gäste in die Vergangenheit zurückversetzt und sie gleichzeitig davon überzeugt, dass die Cocktails auch wirklich 18 US-Dollar wert sind.

Als Garfunkel's im Jahr 2015 auf der Clinton Street eröffnete, „gab es nur wenige kommerzielle Einrichtungen, geschweige denn Speakeasy-Bars in der Gegend", sagt Gjekaj. Das größte Hindernis sei die fehlende Konkurrenz gewesen, erinnert er sich. „Als wir diese Bar übernahmen, standen wir vor einer großen Herausforderung, weil es in der Gegend nichts gab – in dieser Straße gab es nur drei Lokale", so Gjekaj, der in dritter Generation als Gastronom tätig ist.

Die Bar ist nur über den Burgerladen im Erdgeschoss zu erreichen. Um vom Burgerladen in die Bar zu gelangen, müssen die Gäste durch das leicht kriminalistisch angehauchte Burgerlokal gehen und ganz hinten im Restaurant durch eine Tresortür treten: Dort verwandelt sich das etwas alberne Restaurant plötzlich – und extrem überraschend – in eine luxuriöse Bar. Die Cartoon-Wandbilder und Bierzapfhähne des Burgerladens werden plötzlich abgelöst von vergoldeten, mit Nippes dekorierten Tapeten und gepolsterten Samtsofas.

Manchmal werden die Gäste beim Verlassen der Bar zu einer separaten Ausgangstür geführt, hinter der sie im Treppenaufgang eines Wohnhauses landen. Gehen Sie von dort aus nach unten, vorbei an den Briefkästen und durch die Eingangstür, um wieder zur Straße zu gelangen.

Genauso wie in der nahe gelegenen Speakeasy-Bar Please Don't Tell (die ebenfalls über einen Burgerladen zu erreichen ist) sorgt die Beliebtheit des Garfunkel's manchmal dafür, dass der geheime Eingang der Bar auf eine lustige Weise offensichtlich wird: Während die Gäste des Burgerlokals um sie herum ihr Essen hinunterschlingen, stehen die potenziellen Gäste des Garfunkel's – die völlig anders gekleidet sind – vor dem Eingang zur Bar Schlange und warten darauf, dass die geheime Luxuskneipe im Obergeschoss öffnet. Das ist zwar frustrierend für Gäste, die keine Reservierung haben, dient aber als kostenlose Werbung. „Die Leute fangen an, sich zu fragen, was zum Teufel da hinten los ist", sagt Gjekaj.

BANZARBAR

Eine Bar über einer Bar am Ende einer kleinen Gasse

2 Freeman Alley (upstairs), Manhattan, 10002
212-420-0012 – banzarbar.com
Sonntag und Montag 18–22.30 Uhr; Dienstag bis Donnerstag 18–23.30 Uhr;
Freitag und Samstag 18–0.30 Uhr

Nur einen Block von der Bowery (Straße im Süden von Manhattan) entfernt, bricht eine Straße aus dem üblichen Raster aus: die Freeman Alley. Die kleine Sackgasse, die von der Rivington Street abgeht, ist eine Welt für sich, ein friedlicher Ort im Trubel der Lower East Side.

Die schmale Gasse ist so stark von Graffiti übersät, dass sie wie eine Art Freiluftgalerie wirkt. Am Ende dieser informellen „Kunstgalerie" hängen warme Glühbirnen, unter denen ein Restaurant namens Freemans Gäste empfängt. Oben, im zweiten Stock des Freemans, befindet sich die Banzarbar. „Der Raum diente vorher als Lagerraum und Servicebar. Die Mitarbeiter hielten sich da immer gerne auf, weil es dort so gemütlich war. Also haben wir den Raum ausgebaut und eine intime Privatbar daraus gemacht", berichtet William Tigertt (der Gründer des Freemans) der Zeitschrift Cool Hunting über die Bar, die 20 Sitzplätze bietet. Das Motto der Banzarbar ist von einer Entdeckungsexpedition inspiriert: Der Name spielt auf die British Australian (and) New Zealand Antarctic Research Expedition von 1929 bis 1931 an (besser bekannt unter der Abkürzung BANZARE).

Der Raum wurde so designt, dass er wie ein Schiff aussieht – aufgrund der begrenzten Fläche ist es ein sehr heimeliges Schiff geworden. Die Cocktailkarte entführt die Gäste auf eine Entdeckungsreise durch verschiedene Weltregionen, zum Beispiel die Welt des asiatischen Gewürzhandels, die Welt der alpinen Kräuter der skandinavischen Fjorde und die Welt der ostindischen Rumsorten.

Das sorgfältig ausgewählte Geschirr besteht aus Tontassen, blau-weißen Keramiktassen aus Holland, alten Eierbechern und geätzten Gläsern, die von geschliffenen Kristallgläsern des 18. Jahrhunderts inspiriert sind. Was die Küche betrifft, so hat sich das Team für ein maritimes Motto entschieden, und so bietet die Speisekarte vor allem Gerichte mit Meeresfrüchten. Das aktuelle Angebot umfasst gebratene Austern mit Kimchi-Krabbenbutter, Jakobsmuschel-Garnelen-Crudo (ein Crudo besteht vorwiegend aus rohen Zutaten) sowie einen ganzen portugiesischen Oktopus, im Teigmantel frittiert mit einer Beilage aus Dillgurken, Zitronen-Crema und Senfkörnern.

Das Restaurant Freemans im Erdgeschoss ist mit ausgestopften Tieren dekoriert und serviert gesunde, aber deftige Speisen. Es wurde 2004 eröffnet, als William Tigertt auf der Suche nach einem Veranstaltungsort für eine Halloween-Party war und dabei auf die Räumlichkeiten in der Freeman Alley stieß. Die Party fand nie statt, aber im darauffolgenden Herbst wurde das Restaurant eröffnet. In dieser Etage des Gebäudes dreht sich alles um das Thema „amerikanische Taverne aus der Kolonialzeit", überlieferte Traditionen, Einfachheit und Rustikalität. Die Getränkekarte ist vor allem auf amerikanischen Bourbon und Roggenwhisky ausgerichtet.

RPM UNDERGROUND

Cocktails genießen unter einem Plattenladen

54th Street, Manhattan, 10019
Nur Textnachrichten: 914-439-5065
rpmunderground.us
Täglich 13–4 Uhr

In den Räumen dieses Plattenladens in Midtown werden nicht nur Getränke serviert, sondern auch Karaoke-Abende veranstaltet. RPM Underground ist eine Kombination aus Veranstaltungsraum und Vinyl-Laden: Im Obergeschoss kann man alte Schallplatten kaufen und eine Etage weiter unten brandneue Platten aufnehmen.

Der Plattenladen im ersten Stock hat über 30.000 Schallplatten auf Lager. Das Erdgeschoss bietet zwei Bars, eine Speisekarte mit klassischem Pub-Essen und 18 Séparées im Popkultur-Stil, in denen die Gäste Karaoke singen können. Dazu gehören der „Slutever Room" (ein Raum zum Thema „Avengers"), ein Raum zum Thema „Flippern" und ein Raum zum Thema „Diner"; der größte Raum bietet Platz für bis zu 40 Personen. Außerdem gibt es noch einen zentralen Bereich, in dem man öffentlich Karaoke singen kann.

Auf der Getränkekarte stehen Cocktails, die von den einzelnen Karaoke-Räumen inspiriert sind, zum Beispiel der Jukebox Hero (Stoli Vanil, Lazzaroni Maraschino, Coca-Cola), Tangled Up In Booze („Verstrickt im Alkohol" – mit Blue Curaçao) und Thor: Ragna-Rocks (noch mehr Blue Curaçao). Außerdem gibt es Bier vom Fass, kulinarische Spezialitäten, einen Karaoke-Brunch an den Wochenenden sowie Bottle-Service.

Freitags gibt es für alle, die sich passend zu den Mottos der Karaoke-Räume kleiden, einen Rabatt auf Getränke. Gelegentlich stehen auch Open Mics und Comedy-Shows auf dem Programm.

Im Obergeschoss, im Erdgeschoss und im Treppenhaus, das die beiden verbindet, hängen jede Menge Artefakte, Schilder und Tongeräte an den Wänden – alles handverlesene Stücke aus der Privatsammlung des Geschäftspartners Sam Huh.

„Da steckt wirklich jede Menge Herzblut drinnen", sagt Raj Banik, ein weiterer RPM-Partner, über Sam Huhs umfangreiche Sammlung von handlichen Dekorationsstücken. Der Enthusiast hat sein schrulliges Imperium von Sammlerstücken über einen Zeitraum von drei Jahrzehnten auf Flohmärkten, in Antiquitätenläden, bei Haushaltsauflösungen und Ähnlichem zusammengetragen.

Sie finden die unzähligen hier ausgestellten Retro-Industrieschilder (von denen einige bis ins 19. Jahrhundert zurückreichen) beeindruckend? Das ist nur die Spitze des Eisbergs. „Huh hat ein ganzes Lagerhaus voll mit diesen Sachen – alle Wände sind vom Boden bis zur Decke voll davon", sagt Banik.

Tatsächlich war es ebendiese Sammlung, die zur Gründung von RPM führte, denn Sam Huh suchte nach einer Möglichkeit, um seine Schätze zu präsentieren. Die Kombination aus Karaokebar und Plattenladen bot ihm die Möglichkeit, dies zu tun, und die Schallplatten im oberen Stock stammen ebenfalls aus seinem eigenen, riesigen Musikfundus.

DEAR IRVING ON HUDSON

Eine renommierte Bar in außergewöhnlicher Lage: hoch über den Dächern der Stadt

310 W 40th Street (40th & 41st floor), Manhattan, 10018
917-261-6908 – dearirving.com
Montag bis Donnerstag 17–24 Uhr; Freitag 17–2 Uhr; Samstag 16–2 Uhr;
Sonntag 16–24 Uhr

© Alix Piorun

Diese Open-Air-Hotelbar & Lounge bezeichnet sich selbst als die höchste Bar von Manhattan. Die hoch über Midtown – in der 40. und 41. Etage des Aliz Hotel Times Square in der W 40th Street – gelegene Dachterrasse verspricht den Gästen der Bar ein Erlebnis, das ihren Abend in mehr als nur einer Hinsicht zum Höhepunkt macht: Dear Irving on Hudson bietet nicht nur einen Panoramablick aus luftiger Höhe, sondern auch kleine Bargerichte und eine Weinkarte, die von Profi-Sommeliers kreiert wurde. Kurz: eine luftige Atempause von dem Trubel und Stress, die sich unten abspielen.

Die umfangreiche Cocktailkarte ist gegliedert in Klassiker, erdige Cocktails, würzige Varianten, alkoholfreie Erfrischungen und lokal inspirierte Drinks; so gibt es beispielsweise einen Gin Tonic mit Dorothy Parker Gin von der New York Distilling Company, einen Longdrink mit Irish Whiskey von Writers' Tears und den Cocktail Pullin' Me Back In („Das zieht mich wieder rein") mit Ragtime-Rye-Whiskey, Honig, Amaro Sfumato Rabarbaro, Angostura-Bitter und Mole-Bitter. Alle hier beschriebenen Cocktails kosten jeweils 19 US-Dollar. Zudem werden regelmäßig neue Saisoncocktails angeboten (oder zum Wechsel der Saison wieder von der Karte genommen).

Die Speisekarte bietet unter anderem Häppchen vom Filet Mignon, „Petite Abeille"-Miniburger mit Wagyu-Rindfleisch und Waldpilz-Kroketten mit Trüffel-Knoblauch-Aioli. Ebenso wie das Dear Irving Gramercy (die ältere, gleichnamige Partnerbar des Dear Irving on Hudson) ist auch die zweistöckige Open-Air-Lounge nach einem lockeren Zeitreisen-Motto designt. Die untere (40.) Etage ist im Art-déco-Stil gehalten, die obere (41.) Etage – und deren versteckte Sitzbereiche – soll wie die Kulisse eines James-Bond-Films aus den 1960er-Jahren wirken.

Dear Irving on Hudson verfügt über vier Balkone, aber den meisten Raum nimmt der Innenbereich ein. Aus diesem Grund sind die Inhaber davon abgekommen, ihr Unternehmen als Dachterrassenbar zu bezeichnen – ihrer Meinung nach handelt es sich eher um ein Penthouse. Im Januar 2019 (kurz bevor das Dear Irving on Hudson eröffnete) sagte Meaghan Dorman, die Leiterin und Eigentümerin der Bar, gegenüber Journalisten der Food-Website Eater: „Wir versuchen definitiv, die Bezeichnung ‚Dachterrasse' und alle damit verbundenen Konnotationen zu vermeiden, denn der Großteil der Immobilie befindet sich in Innenräumen. Wir nennen die Bar unter uns auch ‚Dear Irving mit Ausblick'." Meaghan Dorman kuratiert übrigens auch die Speise- und Cocktailkarten beider Dear Irving-Bars.

Das erste Dear Irving, das passenderweise am Irving Place lag, wurde 2014 eröffnet und gilt seit vielen Jahren als eine der angesehensten Cocktailbars der Stadt.

NOTHING REALLY MATTERS

Gestresste Pendler kehren hier ein, wenn sie einen Zug verpasst haben, und bleiben dann so lange, dass sie auch den nächsten verpassen

In der U-Bahn-Station „50th Street" an der U-Bahn-Linie Downtown Train 1, Manhattan, 10019 instagram.com/nothingreallymattersbar
Montag bis Samstag 16–2 Uhr; Sonntag geschlossen

Eine Kneipe mit so einem nihilistischen Namen könnte keine perfektere Lage haben: In einer schmutzigen Ecke der U-Bahn in Midtown, gleich hinter der knallgrünen Neonbeleuchtung einer Galerie für digitale Kunst und ein Stück den schmutzigen Gang hinunter erwartet Sie die überraschend elegante Bar Nothing Really Matters (deutsch: „Nichts ist wirklich wichtig"). Die Bar wurde am 31. Dezember 2021 im Eingangsbereich der U-Bahn-Station „50th Street" an der U-Bahnlinie Downtown Train 1 eröffnet.

Langjährige Einwohner des Stadtbezirks werden sich daran erinnern, dass sich in dem glänzenden, schwarz getäfelten Raum einst die berüchtigte Siberia Bar befand – eine legendäre, chaotische Spelunke, die dafür bekannt war, dass Prominente hier gern die Nächte durchtranken. Der Inhaber Adrien Gallo hat sich mit dem Nothing Really Matters

für die gehobene Gastronomie entschieden – auch als Reaktion auf die längst vergangenen Zeiten der Bar. Er wollte nicht mit den berühmt-berüchtigten, weinseligen Eskapaden der Siberia Bar konkurrieren und beschloss stattdessen, etwas ganz anderes zu machen – etwas, das in starkem Kontrast zu der schmuddeligen U-Bahn-Station vor seiner Tür steht. Und das scheint zu funktionieren ...

„Die Leute sind wirklich begeistert, sie sagen: ‚Heilige Sch…, was ist denn hier los?'", sagte Adrien Gallo gegenüber der New York Post. Wenn die Galeriebeleuchtung an ist, „wirft das ein wirklich schönes Licht auf den Gang, und man hört leise Musik aus meiner Bar klingen – die Leute gehen vorbei, drehen sich um und kommen dann zurück, um bei mir reinzuschauen. Wenn wir jemanden bei uns vorbeigehen sehen, kommt er oder sie beim zweiten oder dritten Mal spontan auf einen Cocktail zu uns rein."

Manchmal kommen gestresste Pendler hierher, wenn sie einen Zug verpasst haben, und bleiben so lange, bis sie den nächsten verpassen. Gallo hat auch viele Arbeiterinnen und Arbeiter bei sich zu Gast, die froh sind, eine Bar gefunden zu haben, die bis 2 Uhr morgens Alkohol anbietet – und das in einem Stadtviertel, in dem solche Orte erstaunlich schwer zu finden sind. In der Bar in dem verlassenen Gang unterhalb des Times Square fühlt man sich in der U-Bahn-Station sofort sicherer, da sind sich alle einig.

© Alix Piorun

CAMPBELL APARTMENT

Einer der prachtvollsten Säle der ganzen Stadt – im Bahnhof Grand Central Terminal

15 Vanderbilt Avenue, New York, NY 10017
212-953-0409
hospitalityholdings.com
Montag bis Donnerstag 12–1 Uhr; Freitag und Samstag 12–2 Uhr;
Sonntag 12–24 Uhr
Bahnlinien: Train 4, 5, 6 und 7/Grand Central Terminal
Moderat bis teuer

Das Campbell Apartment ist die prachtvollste und eleganteste versteckte Bar in New York. Doch nur ein Bruchteil der 750.000 Menschen, die täglich das Grand Central Terminal (Bahnhof in Manhattan) passieren, weiß, dass es diese Bar überhaupt gibt. Wenn Sie das nächste Mal jemanden beeindrucken wollen, führen Sie ihn oder sie zu dem vergoldeten Aufzug im Südwestflügel des Terminals (unter der riesigen goldenen, mit Edison-Glühlampen bestückten Lichtinstallation von Commodore Vanderbilt), und fahren Sie zusammen in das Kellergeschoss. Dort müssen Sie eine kleine Treppe hinaufsteigen – und gelangen in einen der prachtvollsten Säle der ganzen Stadt.

Um das Campbell Apartment richtig würdigen zu können, muss man seine Geschichte kennen. Infolge der Industrialisierung begann sich die Stadtlandschaft und Politik New Yorks seit 1864 dramatisch zu verändern. Cornelius „Commodore" Vanderbilt stieg in jener Zeit von einem einfachen Mann zu einem Schifffahrtsmagnaten und einem der reichsten Männer des Landes auf. Nachdem er ein Vermögen mit Dampfschiffen gemacht hatte, kaufte er die Eisenbahn auf und machte sich daran, den Bahnhof Grand Central so auszubauen, dass er seinen Reichtum und seinen Ruhm reflektierte. Im Jahr 1923 erlaubte er seinem Freund, dem Tycoon John W. Campbell, ein Privatbüro in dem Bahnhof einzurichten. Campbell stattete den Raum sogleich mit Orientteppichen, italienischen Möbeln aus dem 13. Jahrhundert, kostbaren Porzellanvasen, einem riesigen Bleiglasfenster und einem großen Steinkamin aus. Campbell selbst lebte in einem Vorort New Yorks, war aber sehr stolz auf sein prachtvolles Büro und empfing dort abends oft Gäste. Er nutzte das Büro bis in die 1940er-Jahre.

Nach dem Auszug Campbells nutzte die Polizei den Saal als Gefängnisraum; später wurde er von CBS (Columbia Broadcasting System) als Vorstandsbüro genutzt. Danach stand der Raum eine Zeit lang leer, bis er 1999 als Cocktailbar wiedereröffnet wurde.

Nach einer Renovierung im Jahr 2007 erstrahlt das Campbell Apartment nun wieder in seinem alten Glanz und verkörpert damit auf formvollendete Weise die Pracht des Gilded Age, der wirtschaftlichen Blütezeit der USA. Unter dem Kamin ist sogar Campbells Original-Safe mit seinem eingravierten Namen zu sehen.

Die Cocktailkarte – eine Reminiszenz an das Jazz-Zeitalter – bietet vor allem frische Interpretationen klassischer Drinks. Das berühmteste Getränk der Bar ist der Prohibition Punch („Prohibitions-Punsch") – ein Cocktail so groß wie ein Goldfischglas, gemixt aus Maracujasaft, Appleton Rum Estate V/X und Gran Gala und abgerundet mit Moët-&-Chandon-Champagner. Sie brauchen nur einen davon, um sich wie ein Räuberbaron zu fühlen, der sich mit dem Commodore höchstpersönlich messen könnte.

KURUMA ZUSHI

Unvergessliche Sashimi, die direkt aus Japan eingeflogen werden

7 East 47th Street, New York, NY 10017
212-317-2802 – kurumazushi.com
Montag bis Samstag 11.30–14 Uhr; Sonntag 17.30–22 Uhr
Bahnlinien: Train B, D, F und M/7-50 Streets – Rockefeller Center
Teuer

Wenn Sie wirklich bemerkenswerte Sushi genießen wollen, sollten Sie unbedingt in das Restaurant Kuruma Zushi gehen. Es befindet sich im zweiten Stock eines Bürogebäudes in Midtown und wird seit 1977 von Toshihiro Uezu betrieben, der auch der Küchenchef des Restaurants ist. Ein Wort der Warnung: an der Sushi-Bar zu sitzen und sich für die Auswahl des Küchenchefs (Omakase: ein japanischer Ausdruck, der bei der Bestellung von Speisen in Restaurants verwendet wird und bedeutet „Ich überlasse es Ihnen") zu entscheiden, kann Sie über 300 US-Dollar pro Person kosten. Wenn das innerhalb Ihres Budgets liegt, garantieren wir, dass das Essen jeden Cent wert ist. Köstlichkeiten wie Toro (fetthaltiger Thunfisch), Uni (Seeigel) und Königskrabben werden vor den Augen der Gäste wie Kunstwerke zubereitet und Stück für Stück auf dem Laufband serviert. Die Sashimi sind voller reichhaltiger Meeresaromen und zergehen geradezu auf der Zunge – Aromen dieser Art findet man in gewöhnlichen Sushi-Gourmetrestaurants in New York nur selten. Selbst der Reis ist perfekt zubereitet und hat eine ausgezeichnete Temperierung. Ein Teil des Fischs wird täglich aus Japan eingeflogen – Toshihiro Uezu begann seine Karriere als Lehrling in einem Restaurant, das in der Nähe des Tsukiji-Fischmarktes in Tokio liegt.

Das Gourmeterlebnis im Kuruma Zushi wird von Kritikern und Feinschmeckern als „euphorisch", „außerweltlich" und „ätherisch" beschrieben, und der Aufenthalt an der Sushi-Bar wird durch die Anwesenheit von Uezu selbst, der seine Gäste auf Japanisch und Englisch begrüßt, noch unvergesslicher. Während des Omakase fragt er, ob Sie noch etwas anderes probieren möchten, zum Beispiel die russischen Königskrabben, und es ist schwer, seinem Enthusiasmus und dem breiten Lächeln, das er auf den Lippen trägt, zu widerstehen.

Die gute Nachricht für Normalsterbliche: Es gibt auch eine reguläre Speisekarte mit einem Mittagsmenü für preiswerte 25 US-Dollar (Sushi) und 30 US-Dollar (Sashimi). Die Mittagsangebote mit Thunfisch – drei Thunfischröllchen oder ein in Scheiben geschnittenes, frisches Thunfischfilet auf einem Bett aus Reis – sind ab 25 US-Dollar zu haben. Selbst bei diesen preiswerten Einstiegsgerichten ist die Qualität der Sushi herausragend; das Wasabi und die Garnierungen sind so exakt zugeteilt, dass kein Wasabi extra gereicht wird. Es gibt auch klassische japanische Vorspeisen wie Sunomono (in Reisessig marinierter Fisch und Meeresfrüchte) und Oshinko Moriawase (eingelegtes Gemüse).

Und ja – was wie ein japanischer Tempel aussieht, ist tatsächlich der Fahrstuhl. Bei der Fahrt nach unten muss man sich den Aufzug manchmal mit Leuten teilen, die im oberen Stockwerk arbeiten und das Restaurant nicht kennen; unten angelangt, geht man an dem kleinen Security-Desk vorbei zurück auf die belebten Straßen von Midtown.

COFFEE-SHOP DER NORWEGIAN SEAMAN'S CHURCH

Norwegische Snacks in einer Kirche

317 East 52nd Street, New York, NY 10022
sjomannskirken.no/new-york
Dienstag bis Sonntag, Öffnungszeiten variieren
Gemeindetreffpunkt für norwegische Einwanderer und Besucher
Bahnlinien: Train E und M/Lexington Av oder 53rd St
Preiswert

Hätte sie nicht ein Buntglasfenster an der Fassade, würde man die Norwegian Seaman's Church (die Norwegische Seemannskirche) von außen für ein Regierungskonsulat halten. Da sich in dieser Straße in East Midtown viele Konsulate befinden, kann es schnell passieren, dass man an der Kirche vorbeigeht. Aber wenn Sie an der Tür klingeln, sehen Sie durch das Fenster einen Schrank voller Kaffeetassen, die von vielen norwegischen Schiffen stammen. Dies ist ein kleiner Hinweis darauf, was sich hinter dieser Tür verbirgt. Die Norwegische Seemannskirche wurde 1878 gegründet, um Seeleuten ein Zuhause fern der Heimat zu bieten. Im Laufe der Jahre hat sich die Kirche weiterentwickelt und dient nun als Anlaufstelle der norwegischen Einwanderergemeinde New Yorks. Dabei ist sie jedoch weit mehr als eine kulturelle Organisation. Aus diesem Grund sollte man bei einem Besuch umsichtig vorgehen: Die Mitarbeiter sind zwar freundlich, machen aber deutlich, dass dieser Ort nur für norwegische Gäste gedacht ist. Ein weiterer Hinweis darauf: Die Website ist komplett in norwegischer Sprache verfasst.

Im hinteren Bereich des Altarraums befindet sich ein Café, das Tee, Kaffee, norwegische Waffeln und Erfrischungsgetränke anbietet. Es gibt einen Holztresen samt Kasse, aber das Angebot des Cafés wird auf einem langen, mit einer Tischdecke geschmückten Kirchentisch präsentiert.

Eine Waffel (mit Zucker und Marmelade als Belag) mit Tee oder Kaffee kostet drei US-Dollar. Die Waffeln werden auf lustigen Tabletts serviert, die das Monogramm der Kirche tragen und vertiefte Abstellflächen für die Kaffeetassen haben. Einmal im Monat gibt es ein Mittagsbüfett mit norwegischen Delikatessen. Das gemütliche Flair wird noch verstärkt durch einen gemauerten Kamin (nicht funktionstüchtig) und eine Standuhr. Eine der größten Attraktionen des Cafés ist die kleine Lebensmittelecke, in der norwegische Grundnahrungsmittel verkauft werden – Schokolade, Lakritz, Backzutaten, Marmelade und abgepackte Suppen. Sogar Waffeleisen sind dabei.

Im Café wird überwiegend Norwegisch gesprochen, was es zu einem echten Zufluchtsort macht. Die Norwegische Seemannskirche befindet sich seit über zwanzig Jahren an diesem Standort. In den oberen Etagen befinden sich Wohnungen, in denen norwegische Bürger leben, die zum Arbeiten in die USA geschickt wurden. Im Erdgeschoss gibt es eine Galerie namens Trygve Lie, die regelmäßig wechselnde Ausstellungen zeigt; im Zwischengeschoss verbirgt sich ein Leseraum.

Die Zeiten, in denen norwegische Kirchen noch auf Booten standen, die im Hudson River schwammen, sind lange vorbei, doch der Gemeinschaftssinn ist nach wie vor stark ausgeprägt. Eine ähnliche, bekanntere Institution – die Schwedische Kirche in der East 48th Street –, bietet ein preiswertes Mittagsmenü mit belegten Brötchen, Zimtschnecken und Preiselbeersaft.

SAKAGURA

Ein japanisches Dorf unter einem Bürogebäude in Midtown

211 East 43rd Street, New York, NY 10017
212-953-7253 – sakagura.com
Mittagessen: Montag bis Freitag 11.30–14.20 Uhr
Abendessen: täglich ab 18 Uhr
Bahnlinien: Train 4, 5, 6 und 7/Grand Central Terminal
Mittleres Preissegment

Mit seinem Eingang, der weit von der Straße entfernt ist, gehört das Sakagura zu den Restaurants, die eine wirklich extrem versteckte Lage haben. Das Lokal wurde im Jahr 1996 eröffnet und befindet sich im Kellergeschoss eines unauffälligen Bürogebäudes in Midtown. Um in das Restaurant zu gelangen, geht man am Schalter des Sicherheitsdienstes vorbei durch die makellose weiße Lobby und die Treppe hinunter: Sobald man die Schwelle des Restaurants überschreitet, fühlt man sich wie in einem japanischen Dorf.

Das Restaurant ist so eingerichtet, dass die Gäste das Gefühl haben, sich draußen im Freien zu befinden – man sitzt umgeben von Innenfassaden, die aussehen wie Häuser mit Fenstern, Fensterläden und Mansardendächern. Die wichtigsten Baumaterialien sind Holz und Bambus, und obwohl die Architektur keineswegs ein Meisterwerk der puristischen japanischen Formgebung ist und das Restaurant im Kellergeschoss liegt, vermitteln der Sake-Barbereich (der sich auf einer erhöhten Ebene befindet), ein Mini-Shinto-Schrein und die Trennwände aus Reispapier ein anheimelndes, gemütliches Flair.

In kulinarischer Hinsicht zählt das Sakagura zu den besten und preiswertesten japanischen Restaurants in New York. Es gehört auch zu den japanischen Restaurants, in denen man andere kreative Gerichte als Sushi bestellen und köstliche warme Speisen genießen kann, die man sonst nur in Japan bekommt.

Probieren Sie als Vorspeise das Washu-Rindfleisch, das Sie selbst auf heißen Steinen braten dürfen, die Seeigel-Suppe mit weich gekochtem Ei und Lachsrogen, das Onsen Tamago (ein langsam gegartes pochiertes Ei in kalter Suppe), das Buta no Kakuni (ein Spezialgericht aus geschmorten Schweinewürfeln) oder die Chawanmushi-Eiercreme mit eingedickter Ponzu-Suppe. Als Hauptgericht empfehlen wir die in Misopaste geschmorte Rinderzunge mit Shiitakepilzen, Spinat, Taro-Kartoffeln und Daikon-Rettich. Das Restaurant hat über 200 verschiedene Sake-Sorten im Angebot, darunter auch exklusive Eigenmarken.

Die Toilettenräume des Restaurants sehen aus wie überdimensionierte Sake-Fässer; die Toiletten selbst sind wie kleine Wohnungen designt. Wer japanische Automatiktoiletten noch nicht kennt, wird begeistert sein.

Oben, versteckt hinter der Fahrstuhlbatterie, befindet sich eine kleine japanische Bodega, die fertige Speisen (die im Sakagura zubereitet werden) zum Mitnehmen anbietet. Wer die Bodega besuchen will, sollte sie nicht mit der Soba Totto Bar verwechseln – dem anderen japanischen Restaurant, das direkt an der Straße liegt.

Bon Yagi, der Inhaber des Sakagura, betreibt auch die Sake-Bar Decibel im East Village – sie liegt ebenfalls im Kellergeschoss, hat aber eine ganz andere Atmosphäre.

DER SPEISESAAL DER UN-DELEGIERTEN

Dinieren unter Würdenträgern

United Nations Headquarters General Assembly Hall (Halle der Generalversammlung im Hauptquartier der Vereinten Nationen), United Nations Plaza, New York, NY 10017 – 917-367-3314 – visit.un.org
Montag bis Freitag 11.30–14.30 Uhr
Telefonische Reservierung erforderlich (mindestens 24 Stunden im Voraus anrufen!)
Bahnlinien: Train 4, 5, 6, 7 und S/Grand Central Terminal
Büfett: 29,99 US-Dollar (mit UN-Delegationsausweis), 34,99 US-Dollar (ohne UN-Ausweis)

Das Hauptquartier der Vereinten Nationen kann im Rahmen von Führungen besichtigt werden – doch eines seiner bestgehüteten Geheimnisse ist der Speisesaal der UN-Delegierten. Anders als der Name vermuten lässt, ist das Restaurant auch für die Öffentlichkeit zugänglich – man muss nur 24 Stunden im Voraus einen Sitzplatz reservieren.

Nach einer umfassenden Renovierung des Gebäudes der Generalversammlung wurde der Speisesaal im Jahr 2014 wiedereröffnet; es war die erste Renovierung seit der Eröffnung des UN-Hauptquartiers, das im Jahr 1952 eingeweiht wurde. Die Speisen werden in Form eines Büfetts serviert – das bedeutet, Sie stehen Seite an Seite mit Botschaftern und Würdenträgern, speisen mitten unter UN-Delegierten und genießen gleichzeitig einen eindrucksvollen Ausblick auf den East River, Roosevelt Island und Long Island City.

Ein Besuch des Speisesaals der UN-Delegierten ist wie eine Zeitreise zurück in die Mitte des 20. Jahrhunderts. Die Eingangstür ist von Holzbalken flankiert, die vom Boden bis zur Decke reichen; dahinter erstreckt sich gleich als Nächstes das lange Büfett.

Die Einrichtung des Saals ist nicht besonders eindrucksvoll, der Ausblick aus den fast deckenhohen Fenstern dafür umso mehr. Die Stühle im Mod-Stil, die auf den alten Fotoaufnahmen des Speisesaals zu sehen sind, wurden vor langer Zeit durch solideres Mobiliar ersetzt. Der gesamte Raum ist mit Teppichboden ausgelegt und erinnert an ein Bürogebäude aus der Mad-Men-Ära der 1960er-Jahre (Mad Men ist eine TV-Serie, die 2015 eingestellt wurde). Es gibt eine großartige Außenterrasse, die aber nur für besondere Anlässe genutzt wird.

Das international inspirierte Büfett wird von einem Küchenchef zubereitet und wechselt täglich. Bei unserem Besuch an einem verregneten Tag im Dezember wurde ein herzhaftes Angebot präsentiert. Der Küchenchef tranchierte ein Lammkarree, es gab Enten-Confit, Trüffel-Parmesan-Kartoffeln, Eichelkürbis und Rosenkohl mit Putenspeck. Im Angebot waren außerdem vier verschiedene Salate und eine Auswahl an kalten Aufschnitten, zum Beispiel Gravlax, italienische Mortadella und Thunfisch. Der Desserttisch war fast so lang wie der Vorspeisentisch und bot eine Vielzahl von Torten, Macarons, Parfaits, Kuchen, Pasteten und frischem Obst. Der Käsekuchen, der von den UN-Mitarbeitern wärmstens empfohlen wird, ist genauso köstlich, wie sie es versprechen. Zudem sind zahlreiche Alkoholsorten aus aller Welt verfügbar.

Fun Fact: Auf das Essen werden keine Steuern erhoben, denn die Vereinten Nationen befinden sich auf internationalem Territorium. Es wird empfohlen, im Voraus zu reservieren, und man muss angemessene Kleidung tragen – Jeans und Turnschuhe sind tabu, Männer müssen Jacketts tragen. Für die Sicherheitskontrolle ist ein amtlicher Personalausweis erforderlich.

BURGERBAR IM HOTEL LE PARKER MERIDIEN

Diese Burgerbar verbirgt sich in einem Luxushotel

119 West 56th Street, New York, NY 10019
burgerjointny.com/56thstreet
212-708-7414
Sonntag bis Donnerstag 11–23.30 Uhr; Freitag und Samstag 11–24 Uhr
Bahnlinie: Train F/57th St
Mittleres Preissegment

Die Burgerbar im *Hotel Le Parker Meridien* in der 57th Street wurde vor über zehn Jahren eröffnet. Mittlerweile gilt sie als eine der wichtigsten Institutionen der New Yorker Burgerszene. Doch die versteckte Bar ist noch immer etwas Besonderes: Das liegt zum Teil an ihren berühmten Burgern, aber auch daran, dass ihre altmodische Einrichtung im Stil der 1970er-Jahre in krassem Gegensatz zu der noblen Pracht der Marmorlobby des Hotels *Le Parker Meridien* steht. Nichts verrät die Existenz der Burgerbar, die sich hinter dicken, deckenhohen Samtvorhängen verbirgt – nur ein Burger-Reklameschild in Neonfarben (und die langen Menschenschlangen) weisen darauf hin, dass sich hinter der Lobby ein Burgerladen befindet.

Beim Betreten des Lokals weht Ihnen der Duft von Burgern, Brownies und Milchshakes aus der offenen Küche entgegen. Neben Pitcher-Krügen mit Sam-Adams-Bier sind dies die einzigen Gerichte auf der Speisekarte. Man sollte vorher wissen, was man bestellen will, sonst wird man angeschrien und ans Ende der Schlange verwiesen.

Wenn Ihnen kalt ist, fragen Sie einfach nach dem Burger „The Works", der mit allen Zutaten belegt ist, die der Laden auf Lager hat: Salat, Tomaten, Zwiebeln, saure Gurken, Senf, Ketchup und Mayonnaise. Mit dem Menü „666 Package" erhalten Sie einen Burger, Pommes Frites und eine Limonade für exakt 15,61 US-Dollar.

Die zwei Metzger, die hier arbeiten, verbringen die meiste Zeit damit, Burger für die nicht enden wollenden Menschenmengen zuzubereiten und dem Fleisch die perfekte Konsistenz zu verleihen. Nach der Bestellung muss man mit den anderen Gästen um einen Sitzplatz rangeln.

Weil die Burgerbar so beliebt ist, findet man hier immer ein gutes Querprofil der New Yorker Bevölkerung vor (plus die unvermeidlichen Touristen). Steven Pipes, der Direktor des *Le Parker Meridien*, sagte in einem Interview mit Journalisten der Food-Website Eater: „Das Tolle an unserer Kundschaft ist, dass sie in keine feste Kategorie fällt. Sie umfasst alle nur denkbaren sozialen, wirtschaftlichen und geografischen Schichten." Die Einrichtung der Bar besteht aus Vinyl-Sitzecken und Holzfurnieren aus den 1970er-Jahren, die wahllos mit Sport- und Filmplakaten dekoriert sind. An den Wänden befinden sich unzählige Graffiti-Kritzeleien. In gewisser Weise scheint sich dieser Anachronismus durch das gesamte Hotel zu ziehen: In der neoklassischen Lobby befindet sich eine Bar im gotischen Stil, und Kunstwerke von Damien Hirst kontrastieren mit römischen Rundbögen.

Wissenswertes: Die Lobby ist eigentlich ein öffentliches Atrium. Sie gehört zur 6½ Avenue und ist täglich bis Mitternacht geöffnet. Folgen Sie der 6½ Avenue und durchqueren sie in der Mitte des Blocks die Gebäude, die sich zwischen der 51st Street und der 57th Street befinden – die Lobby ist durch Straßenschilder gekennzeichnet.

LANTERN'S KEEP

Das kleine Geheimnis des Hotels Iroquois

49 West 44th Street, New York, NY 10036
212-435-4287
iroquoisny.com/lanternskeep
Montag bis Freitag 17–24 Uhr; Samstag 18–1 Uhr
Bahnlinien: Train B, D, F, M und 7/42nd Street – Bryant Park
Mittleres Preissegment

Die Hotels *Algonquin* und *Iroquois*, die zu Beginn des 20. Jahrhunderts eröffnet wurden, verströmen den Glanz und Glamour vergangener Zeiten. Im Hotel *Algonquin* befindet sich das berühmte Restaurant Round Table, in dem sich die Autorin Dorothy Parker (1893–1967) einst mit Redakteuren der Zeitschriften Vanity Fair und The New Yorker traf. Aber das Hotel Iroquois bietet ein verstecktes kleines Juwel in Form einer Cocktailbar namens Lantern's Keep. Die Bar ist nicht ausgeschildert, aber Eingeweihte wissen: Wenn die Laterne an der Fassade des Hotel Iroquois leuchtet, können sie die Bar besuchen und dort einen Drink nehmen.

Lantern's Keep wurde im Jahr 2011 eröffnet, aber das sieht man der Einrichtung des Lokals nicht an: Sie erinnert eher an einen Pariser Beaux-Arts-Salon als an eine New Yorker Bar. Die schicken schwarzen Vertäfelungen kontrastieren mit Marmortischen und taubenblauen Samtstühlen im Stil des Sonnenkönigs Ludwig XIV. Die Wände der Bar sind mit impressionistisch angehauchten Gemälden von Ballerinen geschmückt. Ein Kamin sorgt für einen Hauch von Eleganz. In der Ecke befindet sich eine winzige Bar, die mit allem Zubehör ausgestattet ist, das man zum Mixen von Cocktails benötigt.

Der jugendliche Chef-Barkeeper John Ploeser begann seine Karriere in seiner Heimatstadt Madison (Wisconsin) und zog später nach New York, um sich dem Personal des neu eröffneten Restaurants Perla im West Village anzuschließen. Dort traf er Theo Lieberman, den damaligen Chef-Barkeeper des Milk & Honey, der ihn in der hohen Kunst der Zubereitung klassischer Cocktails weiter ausbildete.

Zusammen mit der fabelhaften Barkeeperin Meaghan Dorman (meaghandorman.com) entwarfen John Ploeser und sein Team die Getränkekarte, die 40 originelle Cocktails bietet: Von einem erfrischenden Regal Business (Gin, Grapefruit, Honig, Limette) bis hin zum alkoholreichen Cocktail Double Barrel (Roggenwhisky, trockener Wermut, süßer Wermut, Angostura und Orangenbitter) ist alles dabei. John Ploeser hat eine sehr höfliche Art, die typisch für den Mittleren Westen ist: Das macht ihn sofort sympathisch und zu einem Menschen, mit dem man sich wunderbar unterhalten kann (eine wichtige Eigenschaft für einen Barkeeper). Obwohl er französische Literatur studiert hat, liebt Ploeser den sozialen Aspekt seines Berufes und fühlt sich hinter der Bar wie zu Hause.

Das Lantern's Keep ist wie eine Oase in einer Cocktailwüste. Das Viertel hat zwar einige schöne historische Sehenswürdigkeiten zu bieten, aber für die New Yorker, die in den umliegenden Banken und Bürogebäuden arbeiten, gibt es in der Gegend kaum Bars – außer die allgegenwärtigen Irish Pubs und verborgene Kleinode wie das Lantern's Keep, die hier immer noch rar gesät sind.

WOMEN'S NATIONAL REPUBLICAN CLUB RESTAURANT AND PUB

Dieses Restaurant wurde von den New Yorker Suffragetten gegründet

3 West 51st Street, New York, NY 10017
212-582-5454 – wnrc.org
Montag bis Freitag, samstags nur saisonal & für Hotelgäste geöffnet
Reservierung & Informationen zu den Öffnungszeiten telefonisch unter der
Nummer 2215 – Mittleres Preissegment
Bahnlinien: Train B, D, F und M/47-50 Street – Rockefeller Center

Die wunderschöne Villa des Women's National Republican Club steht auf dem Gelände des ehemaligen Wohnhauses von Andrew Carnegie (Tycoon in der Stahlbranche, 1835–1919), das sich neben dem Rockefeller Center erstreckt. Der Club wurde 1921 von den New Yorker Suffragetten (Frauenrechtlerinnen) gegründet, aber die Suffragetten zogen erst im Jahr 1934 in das jetzige Gebäude ein, nachdem sie der einzigen Tochter des Industriellen, Margaret Carnegie Miller, das Grundstück abgekauft hatten. Der Club hat das exklusive Flair vieler New Yorker Clubs des Gilded Age, der wirtschaftlichen Blütezeit der USA, wird aber auch als Hotel genutzt: Er bietet 28 Gästezimmer, die mit einem Preis von etwa 250 US-Dollar pro Nacht sehr kostengünstig sind (zumindest für New York).

Das Pub-Restaurant, das sich auf Ebene 2M befindet, ist nur für Hotelgäste zugänglich. Auf der Speisekarte stehen Barhäppchen wie Sliders (Mini-Sandwiches) und Chicken Wings, Vorspeisen wie Krabbenkuchen und in Kochbananen gewickelte Jakobsmuscheln sowie eine große Auswahl an Salaten, Sandwiches, Hauptgerichten und Desserts.

Obwohl die Architektur rund um das Rockefeller Center eher in Richtung Art déco und Modernismus tendiert, folgt der Women's National Republican Club dem Designgeschmack der Privatclubs des frühen 20. Jahrhunderts: Der Architekt Frederic Rhinelander King (1887–1972) entwarf das Gebäude und seine Innenarchitektur komplett im neo-georgianischen Stil.

Laut dem Nationalen Verzeichnis historischer Stätten („National Register of Historic Places") wähnte Henrietta Wells Livermore (1864–1933), die Gründerin und erste Präsidentin, „den Club als eine wichtige Kraft zur Ausbildung der neu hinzugekommenen Wählerinnen. Von Anfang an bot der Club Vorträge und Seminare sowie eine Schule für Politik an." Ein weiterer Beleg für die offene Mission des Clubs: Er hatte in den ersten 15 Jahren nach seiner Gründung keinen Präsidenten, sondern wurde von einer Gruppe von Frauen geleitet.

Heute wird der Club von verschiedenen Organisationen genutzt, darunter auch ein Physikclub und angeschlossene Clubs wie der Lambs Club, der Squadron A Club, der Netherland Club und der Bond Club. Alle republikanischen Präsidenten der USA haben dem Club seit seiner Eröffnung im Jahr 1921 einen Besuch abgestattet; die Bibliothek, die sogenannte Calvin Coolidge Library, wurde von der Ehefrau des ehemaligen US-Präsidenten Calvin Coolidge (1872–1933) gestiftet.

Die Räumlichkeiten des Clubs – auch die großen Ballsäle – können für private Veranstaltungen gebucht werden. Einer der Räume verfügt über einen wunderschönen Balkon mit tollem Ausblick auf die Kirche St. Patrick's Cathedral an der Fifth Avenue und die versteckten Dachgärten des Rockefeller Centers.

POSTCRYPT COFFEEHOUSE

Eines der bestgehüteten Geheimnisse der
Columbia-Universität

1160 Amsterdam Avenue, Manhattan, 10027
postcrypt.org – postcryptcoffeehouse@gmail.com
Freitag- und samstagabends während des Studiensemesters

© Alix Piorun

In den 1960er-Jahren beschloss ein Pfarrer, den 200 Jahre alten Lagerraum im Keller seiner Gemeindekirche aufzuräumen, ein paar Tische zu kaufen, eine Bühne zu bauen, den Raum nach dem Werk *Concluding Unscientific Postscript* („Abschließende Unwissenschaftliche Nachschrift") des Philosophen Søren Kierkegaard zu benennen und eine Bar zu gründen, die bis heute eines der bestgehüteten Geheimnisse der Columbia-Universität ist.

Das Postcrypt Coffeehouse wird nun schon seit fast sechzig Jahren in diesem kleinen Kellerraum betrieben, der sich unter der Kirche St. Paul's Chapel (auf dem Universitätscampus in der Amsterdam Avenue) befindet (und in dem man ganz auf die Akustik vertraut – es gibt keine Mikrofone). Im Laufe der Jahre haben viele weltberühmte Künstler – darunter Jeff Buckley und Suzanne Vega – auf der Bühne gestanden, die Pfarrer John Cannon, der damals noch Campusseelsorger war, zusammen mit seiner Helferin Dotty Sutherland von Hand gebaut hat. Seit ihrer Eröffnung im Jahr 1964 wurde die gemauerte unterirdische Bar von unzähligen Studenten besucht, und zahllose Menschen sind dort vorbeigegangen, ohne zu wissen, dass unter ihren Füßen eine Live-Show stattfand.

Wenn ehemalige Studenten der Columbia-Universität die unterirdische Bar besuchen, fällt ihnen oft auf, dass sich hier nichts verändert hat. Während anderswo die Zeit voranschreitet, ist die Bühne im Postcrypt genau dieselbe geblieben – und ja, es ist wirklich noch die Originalbühne. Die Mosaiktheke von Sutherland wird nach wie vor zum Servieren von Tee und Kaffee genutzt, und die Stühle und Tische, an denen die Gäste sitzen, sind ebenfalls Originalstücke. Auch der Kasten unbekannter Herkunft, der über der Tür hängt und die Aufschrift „Postcrypt" trägt, hat die Zeit überdauert – ebenso wie die vielen Stammgäste, die immer wieder in die Bar zurückkehren.

Während des Studiensemesters lädt die zeitlose Bar, die ausschließlich von Studenten geführt wird und 30 Sitzplätze bietet, jeden Freitag- und Samstagabend Studenten und Nichtstudenten dazu ein, bei freiem Eintritt Musik, warme (alkoholfreie) Getränke, Snacks und geselliges Beisammensein zu genießen. Es gilt das Prinzip „Wer zuerst kommt, mahlt zuerst"; der Eintritt ist nach wie vor kostenlos.

„Im Postcrypt kann man der intimen Atmosphäre nicht entkommen. Es ist für die Künstler:innen gleichzeitig ein wenig bedrohlich und aufregend, zu wissen, dass sie keine andere Wahl haben, als dem Publikum in die Augen zu schauen, das gekommen ist, um zu sehen, wie sie etwas von sich selbst geben", heißt es in einem Heft, das 1991 anlässlich des 50-jährigen Jubiläums der Bar der Zeitschrift *Fast Folk Musical Magazine* beilag.

DIE BAR THE GARRYOWEN
IM 69TH REGIMENT ARMORY

Eine versteckte Bar für Militärangehörige

68 Lexington Avenue, New York, NY 10024
sixtyninth.net/armory.html
Nur für Militärangehörige und deren Gäste zugänglich
Das Arsenal (Armory) ist manchmal für Veranstaltungen geöffnet.
Bahnlinie: Train 6/28th Street
Preiswert

Das 69. Infanterieregiment, im Volksmund auch „Die kämpfenden Iren" genannt, war ursprünglich eine rein irische Truppe. Sie wurde gegründet, um irische Einwanderer dafür auszubilden, Irland von der britischen Kontrolle zu befreien. Das Regiment kann auf eine illustre Geschichte zurückblicken: Seine Truppen kämpften im Amerikanischen Bürgerkrieg, im Ersten Weltkrieg, im Zweiten Weltkrieg und im Irak-Krieg. Das 69. Regiment gehörte auch zu ersten Truppen, die – entgegen den Befehlen – vor Ort am Ground Zero waren. Ihr Motto „Sanft, wenn man sie streichelt, wild, wenn man sie provoziert" bezieht sich auf die irischen Wolfshunde, die sie in ihrem Wappen tragen. Es gibt sogar einen James-Cagney-Film über das 69. Regiment: *The Fighting 69th* (1940).

Das denkmalgeschützte Waffenarsenal des Regiments befindet sich an der Ecke Lexington Avenue und 25th Street. Es ist immer noch in Betrieb und kann besucht werden, wenn es für Veranstaltungen geöffnet ist. Das Gebäude aus dem Jahr 1904 steht nicht wegen seiner Militärgeschichte unter Denkmalschutz, sondern weil hier 1913 die erste New Yorker Waffenschau stattfand.

Die Architekten des Waffenarsenals waren Hunt & Hunt (sie entwarfen auch eine der Vanderbilt-Villen in der Fifth Avenue). Im zweiten Stock der riesigen Exerzierhalle sind noch Reste der wunderschönen Holzstühle des Auditoriums zu sehen. In den Glasvitrinen, die in der Eingangshalle und im Hauptempfangsraum stehen, sind historische Artefakte ausgestellt, die die Beteiligung des Regiments an verschiedenen weltweiten Konflikten belegen. Die Holztüren im Gebäude und am Eingang sind verstärkt und resistent gegen Pistolenbeschuss – ein Überbleibsel der Sicherheitsanforderungen, die bei der Erbauung des Arsenals gestellt wurden.

Die eigentliche versteckte Attraktion des Waffenarsenals ist jedoch die Bar The Garryowen, die ursprünglich als Offiziersclub diente und heute Militärangehörige und deren Gäste empfängt. Der holzgetäfelte Raum, der nach der Marschmusik des Regiments benannt ist, erhielt sein heutiges Aussehen um 1962, existierte aber schon vorher in anderer Form.

Die Bar ist ausgestattet mit einem Marmorkamin, der von massiven Geschützen flankiert ist. An den Wänden stehen personalisierte Bierkrüge (die Krüge für verstorbene Soldaten wurden auf den Kopf gestellt). Auch ein Relikt vom World Trade Center hängt eingerahmt an der Wand. Einer der turbulentesten Tage im The Garryowen ist der Saint Patrick's Day: Dann strömen 400 bis 500 Leute in die Bar.

Trotz des großen Trubels, der im Garryowen herrscht, wurde bisher nur eine Person aus der Bar verbannt (dafür aber auf Lebenszeit). Das Angebot ist schlicht: Es gibt Bier vom Fass und Standard-Cocktails. Das eigentliche Highlight eines Besuchs im The Garryowen sind die Geschichten, die man dort hört.

RAINES LAW ROOM
IM HOTEL *THE WILLIAM*

Cocktails in einer prachtvollen Stadtvilla

24 East 39th Street, New York, NY 10016
raineslawroom.com
Montag bis Mittwoch 17–1 Uhr; Donnerstag bis Samstag 17–2 Uhr
Bahnlinien: Train 4, 5, 6, 7 und S/Grand Central
Mittleres Preissegment

Der zweite Standort des Raines Law Room befindet sich im *The William*, einem Luxushotel für moderne Reisende, die für längere Zeit in New York bleiben wollen. Diese Hotelbar wird ihrem Namen wohl noch weitaus mehr gerecht als der originale Raines Law Room (der sich in Chelsea befindet): Denn das berühmte Schlupfloch im Raines-Gesetz von 1896, das den Verkauf von Alkohol an Sonntagen überall außer in Hotels untersagte, führte dazu, dass zahlreiche Bars und Kneipen möblierte Gästezimmer einrichteten.

Yves Jadot, der Mitinhaber des Raines Law Room, hat lange nach einem solchen Standort für seine Bar gesucht und ganz bewusst das Hotel *The William* ausgewählt. Es befindet sich im ehemaligen Hauptsitz des Williams Club, einem Privatclub für die Absolventen des Williams College in Massachusetts. Die beiden prachtvollen, miteinander verbundenen Stadtvillen bildeten einen angemessenen historischen Rahmen für das Liberal Arts College, das 1793 gegründet wurde – im selben Jahr, in dem George Washington als erster Präsident der Vereinigten Staaten vereidigt wurde. Als der Williams Club im Jahr 2010 seinen Hauptsitz in das Gebäude des Princeton Clubs (West 43rd Street) verlagerte, sanierte Yves Jadot die Stadtvillen.

Der Raines Law Room befindet sich eigentlich im Erdgeschoss, ist aber nur über die Kellerbar The Shakespeare Pub zugänglich. Von dort aus führt Sie der Gastgeber durch eine Tür mit der Aufschrift „Zutritt verboten", durch Samtvorhänge und anschließend die Treppe hinauf zur Bar.

Wegen des Grundrisses der Stadtvilla ist der Raines Law Room in zwei Räume aufgeteilt, die einander gegenüberliegen. Ein Raum enthält die Bar und einige Sitzecken, die durch lange Vorhänge voneinander getrennt sind. Wenn Sie den ursprünglichen Raines Law Room in Chelsea kennen, wird Sie dieser Raum wahrscheinlich am ehesten daran erinnern.

Der Salon auf der gegenüberliegenden Seite ist wie eine Hausbibliothek gestaltet und mit beleuchteten Bücherregalen, Ohrensesseln, Polstersofas und einem dunklen, kerzenbeleuchteten Marmorkamin ausgestattet. An den Wänden hängen sinnliche Gemälde, die an die Bordelle des früheren New Yorks erinnern. Schauen Sie sich die Tapeten genau an: Die Ornamente, die von Weitem wie florale Verzierungen aussehen, sind in Wirklichkeit nackte Frauenkörper – ein Designelement, das schon im originalen Raines Law Room verwendet wurde. Ebenso wie in der Bar am Standort Chelsea sind auch hier Serviceglocken in die Wände eingebaut, mit denen Sie dem Personal mitteilen können, dass Sie bestellen möchten.

Die Cocktailkarte ist ähnlich wie die der Originalbar, zeigt allerdings mehr altmodische Einflüsse. Die Chef-Barkeeperin beider Lokale, Meaghan Dorman (meaghandorman.com), ist auch hier für die Entwicklung der Cocktails zuständig.

HONORABLE WILLIAM WALL CLUBHOUSE

Ein schwimmender Club im Hafen von New York

myc.org
Mai bis Oktober; Termine und Öffnungszeiten variieren
Abfahrt von Pier 25 in Manhattan und von der Liberty Harbor Marina/Jersey City (direkt neben dem Surf City Restaurant)
Mittleres Preissegment

Die Honorable William Wall (auch bekannt als die Willy Wall) ist das schwimmende Clubhaus des Manhattan Yacht Club, das im New Yorker Hafen nahe Ellis Island vor Anker liegt. Die Open-Air-Bar bietet einen atemberaubenden Ausblick auf Downtown Manhattan und die Freiheitsstatue (und natürlich auf die Nachbarbezirke Brooklyn und New Jersey).

Das Clubhaus wurde eigens zum Anschauen der Segelregatten konzipiert und wirkt nicht wie eine schnittige Yacht, sondern eher wie eine Mischung aus Aussichtsplattform und Frachtkahn. Um zur William Wall zu gelangen, müssen Sie ein Stück mit der Admiral's Launch (ein von der US-Küstenwache zertifiziertes altes Motorboot) fahren, die entweder von Pier 25 in Manhattan oder von der Liberty Harbor Marina in Jersey City ablegt; vor 2015 erfolgte die Abfahrt von der North Cove Marina im Battery Park. In dem Motorboot, das über einen roten Rumpf verfügt, können bequem bis zu 40 Personen Platz nehmen.

Der Clou an der Sache ist, dass man kein Clubmitglied sein muss, um das Clubhaus besuchen zu können: Man muss lediglich 18 US-Dollar für die Hin- und Rückfahrt zahlen (gebucht wird online). Wenn die Online-Tickets ausverkauft sind, kann man auch um 19.30 Uhr zum Hafen kommen und dort in der Schlange warten. Mitglieder des Manhattan Sailing Clubs dürfen sich ganz vorne anstellen, aber es ist (außer in Spitzenzeiten) normalerweise kein Problem, in das Clubhaus hineinzukommen, da es Platz für bis zu 149 Personen bietet.

Die Getränke sind erschwinglich, aber das Angebot ist überschaubar, denn man kommt vor allem hierher, um die Regatten anzuschauen. Es gibt Wein, Bier, Likör und Standard-Mixgetränke (serviert in Plastikbechern), aber keine Cocktails. Der Entspannungsfaktor wird noch dadurch verstärkt, dass man sein eigenes Picknick mitbringen oder Essen im Restaurant Surf City (Jersey City) bestellen kann, das dann mit einem Boot zum Clubhaus gebracht wird. Die Regatten beginnen an einer Boje nahe der William Wall und führen den Hudson River hinauf und wieder herunter; danach drehen die Boote in der Bucht hinter dem Clubhaus um und kehren zum Ausgangspunkt zurück.

Wer war dieser William Wall überhaupt, werden Sie sich fragen? Nach allem, was man hört, war er ein sehr ehrenwerter Mann, der während des Amerikanischen Bürgerkriegs als US-Kongressabgeordneter diente und Abraham Lincoln in Bezug auf die Nutzung des Brooklyn Navy Yard beriet. Wall stammte aus Philadelphia, war gelernter Seiler und machte sich in den 1820er-Jahren in Williamsburg selbstständig, wo er zu einem bedeutenden Entscheidungsträger im Stadtrat wurde.

Eine Fahrt auf dem Wasser, vor allem im Sommer, ist immer ein besonderes Vergnügen, und die Honorable William Wall bietet eine preiswerte und einzigartige Möglichkeit, um dies zu tun.

PATENT PENDING

Ein Speakeasy (Flüsterkneipe) auf der Rückseite eines Cafés

49 W 27th Street, Manhattan, 10001
212-689-4002 – patentpendingnyc.com
Täglich 17–2 Uhr

© Alix Piorun

Man sollte sich von der Dunkelheit nicht täuschen lassen: Es gehört zum Konzept dieser Flüsterkneipe, dass das Café so aussieht, als sei es geschlossen. Der Coffee-Shop vor der Bar serviert zwar tagsüber Java-Kaffee, abends dient er jedoch als Übergangsraum, in dem sich oft Menschenschlangen bilden, während die Gäste auf den Zugang zur Hauptattraktion warten. Hinter der Kaffeetheke und einer aufziehbaren Wand voller Speisekarten warten zwei Reihen mit blauen Barhockern und dunkelgrünen Sitzecken, hinter denen sich eine schwarze, verspiegelte Bar erstreckt. Dies ist Patent Pending, eine Bar mit dem Motto „Elektrizität", die sich auf der Rückseite des Cafés Patent Coffee verbirgt.

Doch damit nicht genug: Hinter dem Patent Pending befindet sich noch ein weiterer Veranstaltungsort, sozusagen ein „Speakeasy im Speakeasy". Es heißt The Lab und ist zu erreichen, indem man das Patent Pending durchquert, bis ganz nach hinten zur Wand geht und dort nach dem versteckten, höhlenartigen Raum sucht, der durch ein natürliches Bogengewölbe mit dem Patent Pending verbunden ist. Dieser Raum ist noch kleiner als die Bar: Er bietet Platz für 30 Personen, verfügt über zwei Barkeeper-Stationen und separate Toiletten. The Lab kann auch für Privatveranstaltungen gemietet werden.

Die beiden Bars haben eine gemeinsame Cocktailkarte, die bezüglich ihrer Komplexität und der Cocktailpreise fast alle Grenzen sprengt. Der Cocktail Impossible Idea („Unglaubliche Idee"; auf Mezcal- und Rumbasis) kostet 33 US-Dollar; der Eclectic Messiah („Der eklektische Messias"), der aus Small-Batch-Bourbon gemixt wird, ist für 32 US-Dollar zu haben. Wer etwas weniger Geld ausgeben möchte, kann aus zahlreichen Cocktails für 20 US-Dollar wählen; viele davon haben Namen, die zum Motto der Bar passen, zum Beispiel Cosmic Rays („Kosmische Strahlung"; gemixt aus American Gin, trockenem Wermut und grünem Apfel) oder Radio Waves („Radiowellen"; gemixt aus Tequila, Mezcal, Rum und Thai-Chili).

Noch kunstvoller als die Getränke ist jedoch die Cocktailkarte selbst. Sie ist eher ein Buch als eine Liste und hebt das Genre der Cocktailkarte auf ein wirklich ungewöhnliches Niveau – und das in einer zunehmend papierlosen Epoche, die fast nur noch von QR-Codes dominiert wird.

„Willkommen im Keller des Radiowellen-Gebäudes", beginnt das Cocktailbuch, das ganz im Vintage-Look gestaltet ist. „Dies ist das Gebäude, in dem einst Nikola Tesla lebte. Hier führte er seine Experimente mit Radiowellen durch, die er mittels drahtloser Funktechnik in sein Labor in der Nähe der heutigen Trinity Church in Downtown Manhattan übertrug. Die ‚Wellen', die Sie hierhergeführt haben (GPS) und die Sie jetzt umgeben (WLAN), wurden von Tesla vor mehr als einem Jahrhundert entdeckt."

DIE KANTINE DES GANESH-TEMPELS

Dosas (Pfannkuchen) für die Götter

45-47 Bowne Street, New York, NY 11355
718-460-8484 – nyganeshtemplecanteen.com – Täglich 8.30–21 Uhr
Bahnlinien: Train 7 und 7X/Flushing – Main Street – Preiswert

Gegenüber einer Reihensiedlung in Flushing steht ein großes Gebäude mit einem kunstvoll geschnitzten Eingangstor, das an den Eingang eines indischen Tempels erinnert. Der Ganesh-Tempel, wie er umgangssprachlich heißt, wurde 1970 gegründet; das heutige Gebäude stammt aus dem Jahr 1977. Sein offizieller Name lautet Hindu Temple Society of North America; der Tempel wird so genannt, weil er bei seiner Gründung im Jahr 1970 der erste und einzige traditionelle hinduistische Tempel des Landes war.

Doch die Geschichte dieses Bauwerks reicht viel weiter zurück – bis in die amerikanische Kolonialzeit. Noch vor dem Beschluss der Bill of Rights (der ersten zehn Zusatzartikel zur Verfassung der Vereinigten Staaten) unterzeichneten die Siedler von Flushing eine Petition mit dem Titel Flushing Remonstrance („Protestaktion Flushing"), um gegen die Niederländer und deren Verfolgung der Quäker zu protestieren. In diesem Dokument dehnten sie das „Gesetz der Liebe, des Friedens und der Freiheit" über das Christentum hinaus auf alle Glaubensrichtungen

und Menschen jeder Herkunft aus. Der in Flushing lebende Farmer John Bowne begann, in seinem Haus – das heute noch steht – Quäker zu empfangen. Heute, über 350 Jahre später, befinden sich in dieser Straße (die nach John Bowne benannt ist) eine Synagoge, eine Gurdwara (Gebetsstätte) der Sikhs, eine chinesische Kirche, der Ganesh-Tempel und ein weiterer hinduistischer Tempel.

Der Ganesh-Tempel ist „permanent geweiht", es sind also stets Priester vor Ort, die sich um Rituale und die heiligen Statuen kümmern. So wurden die steinernen Gottheiten an der Außenseite des Gebäudes im Jahr 2009 mit einem eindrucksvollen, fast einwöchigen Ritual neu geweiht. Eine Kuh und ein 37 Jahre alter Elefant waren Teil der Feierlichkeiten – eine Hommage an Ganesha, den elefantenköpfigen Gott.

Im Untergeschoss des Tempels befindet sich eine Kantine, in der Dosas, Massala und Mango-Lassi serviert werden. Die Gerichte schmecken so gut, dass die Kantine eines Besuchs des berühmten amerikanischen Chefkochs Anthony Bourdain (1956–2018) würdig gewesen wäre. Es gibt 17 verschiedene Dosa-Variationen und vier weitere Sorten, die nur am Wochenende erhältlich sind. Ein Hinduist, der in der Nähe wohnt, behauptet, die Kantine sei als Konkurrenz zum Restaurant Dosa Hutt nebenan gegründet worden. Offiziell heißt es jedoch, die Kantine habe ihre Anfänge genommen, als 1993 ein Koch für die Zubereitung von Naivedyams (Speiseopfer für die Götter) eingestellt wurde – doch bald schon kochte er auch für die Gläubigen.

VERKOSTUNGSRAUM DER BIERBRAUEREI FINBACK

Originelles Bier in Queens

7801 77th Avenue, Queens, NY 11385
info@finbackbrewery.com – finbackbrewery.com
Donnerstag und Freitag 16–21 Uhr; Samstag 13–20 Uhr; Sonntag 13–19 Uhr
Bahnlinien: Train L und M/Station: Myrtle–Wykoff, danach Weiterfahrt mit
Bus Q55 – Mittleres Preissegment

Der Verkostungsraum von Finback ist ein echtes Juwel! Die Bierbrauerei ist die lange Anreise nach Glendale/Queens wirklich wert, und genau diese Anreise ist Teil des Abenteuers! Von Manhattan aus nehmen Sie die Züge L oder M bis zur Station Myrtle–Wyckoff, steigen dort in den Bus Q55 um und laufen anschließend durch ein Wohnviertel in Glendale. Auf der 77th Avenue stoßen Sie plötzlich auf einige Lagerhäuser. Im Winter, wenn die Garagentore geschlossen sind, ist ein an die Tür geklebtes Schild mit der Aufschrift „Yes, we're open!" das Einzige, was darauf hindeutet, dass hier etwas los ist. Wer neugierig ist, kann diese Tür in dem ansonsten eintönigen Industriegebäude öffnen und gelangt in einen schön gestalteten Verkostungsraum mit einer Bar, die in die Laderampe der Brauerei eingebaut wurde.

Die Bar ist von leuchtend silberfarbenen Metallhockern gesäumt, und die Holztische und -bänke im Hauptbereich des Verkostungsraums wurden vom Team der Brauerei handgefertigt. In eine Marmorwand wurden hölzerne Zapfhähne eingelassen, die jeweils mit dem Finback-Logo versehen sind. Darüber hängt ein Spiegel, der gleichzeitig als Bierkarte dient und auf dem alle verfügbaren Sorten verzeichnet sind (Sorten, die gerade nicht im Angebot sind, werden durchgestrichen). Von der Bar aus kann man direkt in die Brauerei mit ihren Maischetanks und Getreidesilos hineinblicken. Manchmal flitzen die Mitarbeiter auf Skateboards und mit leeren Plastikfässern im Arm durch den Verkostungsraum.

Die Brauereibesitzer Basil Lee und Kevin Stafford begannen ihre Karrieren als Hobbybrauer – und das merkt man auch an den Finback-Bieren, die eine sehr einfallsreiche Mischung von Aromen bieten. Wenn Sie nach reichhaltigen, einzigartigen Aromen suchen, dann sind Sie in dieser Brauerei genau richtig: Hier gibt es Sauerbiere und Biersorten, die mit Jalapeño-Chili, Kokosnuss, Mango und Pflaume gewürzt sind. Die Sorte Double Sess(ion), übersetzt „Doppelstunde", wird mit Szechuan-Pfefferkörnern, Kamille und Ingwer gebraut: ein großartiges Sommerbier, das sich auch für Leute eignet, die weniger hopfenreiche Biere mögen. Das Bier Fort Tildenist wird mit grünem Tee und Zitronenschalen gebraut. Die Finback-Biere haben pfiffige Namen wie Coasted Toconut („Geröstete Rokosnuss"), Cat Love („Katzenliebe") oder Plumb & Proper („Vertrauenswürdig & Anständig"); außerdem gibt es Saisonbiere und das Finback IPA, das immer im Angebot ist.

Die Biere von Finback werden in den Räumen des Lagerhauses in Bourbon-, Whiskey- und Weinfässern gelagert und so zur Reife gebracht. Ende 2014 brachte Finback ein fassgereiftes BQE-Bier heraus, das mit Kakaosplittern von Mast Brothers Chocolate und mit Kaffee von Native Coffee Roasters aus Queens gebraut wurde; außerdem brachte die Brauerei in jenem Jahr ein fassgereiftes Bier namens Smoke Detection (deutsch: „Rauchmeldeanlage") auf den Markt.

DUTCH KILLS

Ein verstecktes Kleinod im Industriegebiet

27–24 Jackson Avenue, Long Island City, New York, NY 10017
718-383-2724
dutchkillsbar.com
Täglich 17–2 Uhr
Bahnlinien: Train E, M und R/Queens Plaza; Train E, M, 7 und G/Court St
Mittleres Preissegment

Dutch Kills liegt in einem unscheinbaren, zweistöckigen Backsteingebäude, das zwischen einer Getriebe-Reparatur-Werkstatt und einem Taxistand steht. Die Bar ist ein wahrhaft verstecktes Kleinod – abgesehen von einer Neonschrift mit den Buchstaben „BAR" und einem Sperrholzschild mit der Aufschrift „Blissville Kitchen" deutet nichts auf die Existenz dieser Kneipe hin.

Trotz der vielen Neubauten in der Umgebung fühlt man sich beim Betreten des Dutch Kills immer noch so, als würde man in eine längst vergangene Zeit eintauchen. Zuerst betritt man den großen Sitzbereich, der mit privaten Holz-Séparées ausgestattet ist, in denen jeweils zwei bis sechs Personen Platz finden. Die einzelnen Séparées sind durch rote Vorhänge voneinander getrennt. Im Dutch Kills dreht sich alles um Privatsphäre, und die Architektur spiegelt dieses Motto wider. Die Holzvertäfelung an den Wänden setzt sich an der niedrigen Decke fort und verleiht dem Raum das Flair einer historischen Taverne. Man würde nie annehmen, dass dieser Raum einst als Büro und Kühlhaus einer Fischhandlung diente. Die zahlreichen Flaschen hinter der Bar sind nach Alkoholsorten geordnet und umfassen neben den Klassikern auch Absinth, Amaro-Liköre und mexikanischen Mezcal.

Die Atmosphäre dieser Bar war schon immer bewusst schmuddelig und fröhlich; das Dutch Kills dient den Anwohnern als Nachbarschaftsbar und ist auch für andere Gäste ein beliebtes Ziel. Der Barraum ist mit alten Erinnerungsstücken dekoriert, zum Beispiel mit einer Jukebox, europäischem Geld, religiöser Kunst und alten Werbeplakaten. Dazwischen blitzen hier und da moderne Elemente auf: Eines davon ist die Menükarte, die zum Geburtstag eines langjährigen Kunden von Dutch Kills kreiert wurde. An der Decke hängen Leuchten, die nicht ganz zusammenpassen, sich aber gut in die bunt gemischte Einrichtung einfügen.

Die Getränkekarte bietet Cocktails auf Basis von New Yorker Klassikern der 1880er- bis 1940er-Jahre. Es gibt auch ein Angebot an Heißgetränken, zum Beispiel Hot Toddy, Irish Coffee und Mulled Cider (warmer Apfelwein). Die Barkeeper im Dutch Kills können auch Drinks nach Wunsch mixen oder – für Neugierige – spontan neue Cocktails kreieren. Achten Sie bei Ihrem Besuch auf die Gläser: Die runden Cocktail-Coupés (Vorläufer der dreieckigen Martini-Gläser) werden auch oft in den Bars der Sasha-Petraske-Gruppe verwendet. Das Wasser wird in Julep Cups (silbernen Metallbechern im Art-déco-Stil) mit Metallstrohhalmen serviert. Und der Name Dutch Kills? Die „Kills", Niederländisch für „Kanal" oder „Bach", bezeichnen die ehemaligen Wasserwege in der Umgebung, die heute längst asphaltiert sind. Dennoch ist der Begriff „Kills" in der Gegend um Long Island City in verschiedenen Konnotationen erhalten geblieben – so auch in dieser großartigen, versteckten Bar im Industriegebiet der Jackson Avenue.

APRÈS-SKI-FONDUE-CHALET
IM CAFÉ SELECT

Das Schweizer Ski-Chalet ist über eine Küche zugänglich

212 Lafayette Street, New York, NY 10012
212-925-9322 – cafeselectnyc.com – info@cafeselectnyc.com
Täglich ab 8 Uhr; am Wochenende ab 9 Uhr
Bahnlinie: Train 6/Spring Street
Mittleres Preissegment

Es gibt kein Detail im Café Select, das nicht perfekt durchdacht ist: angefangen bei der Rolex-Bahnhofsuhr (weltweit existieren nur noch drei Stück; dies ist eine davon) bis zur Graffitischrift in der Toilette, die die Mitarbeiter dazu auffordert, sich die Hände zu waschen. Dieses ganzheitliche, fast schon narrative Designkonzept erstreckt sich auch auf den Heizungsraum hinter der Küche, den man normalerweise als unbrauchbare Kammer erachten würde. Das Après-Ski-Fondue-Chalet ist genau das, wonach es klingt: ein verstecktes Ski-Chalet, das nur über die Küche des Café Select zu erreichen ist – wenn man sich traut, durch die Tür mit der Aufschrift „Zutritt verboten, nur für Mitarbeiter" zu gehen. Wenn man die Tür am Ende der Küche öffnet, fühlt man sich plötzlich in die Schweizer Alpen versetzt.

Auf der Speisekarte stehen Fondues in zahlreichen Variationen; im Chalet werden außerdem alle Gerichte serviert, die auch im Café Select im Angebot sind. Es gibt sogar heißen Glühwein, der in einem kleinen Topf auf einem tragbaren Gasbrenner zubereitet wird – man fühlt sich so, als ob man gerade in eine urige Skihütte eingekehrt wäre. Diese Variante wird mit Orangen, Granatäpfeln und fünf verschiedenen Gewürzen zubereitet: Muskatnuss, Nelken, schwarzer Pfeffer, Zimt und Sternanis.

Während es im Café Select, das sich im Vorderraum befindet, gediegener zugeht, ist die Atmosphäre in der Bar im Hinterzimmer ausgesprochen locker und unprätentiös. Überall im Raum und in den Ecken hängen Skier, Skischuhe und -stöcke sowie Schlitten und Snowboards. Die Einrichtung weist dabei Retroelemente auf und hat dadurch ein ganz besonderes Flair: Die Skier sind schmal, und die ganze Bar ist mit bunter Weihnachtsbeleuchtung und alten Skipostern geschmückt. Eine kleine Treppe führt zu einem Holzbalkon mit dekorativen Balustraden, wie man sie in Schweizer Chalets findet. Die Eckbar besteht aus einer schlichten Metallplatte; die Schnapsregale sind aus einfachen Holzbrettern gefertigt.

Die kleine Bar eignet sich gut für gemütliche Abende, ist aber nicht so quirlig wie viele andere New Yorker Bars. Das Ziel hier ist schlicht und einfach: gutes Bistro-Essen und cooles Flair. Das heißt, das Café Select ist auf eine bestimmte Klientel ausgerichtet: Models und Fashionistas auf der einen Seite und hippe Stammgäste auf der anderen – aber hauptsächlich zielt das Restaurant auf New Yorker ab. Getreu der Mission des Inhabers sind die Mitarbeiter stets freundlich und unprätentiös – sie bewegen sich voller Leichtigkeit und Elan zwischen den zwei Welten.

Und das Beste: Im Sommer verwandelt sich das Chalet in eine Austernbar. „Dann sind wir Montauk statt Montblanc", sagt Manager Benoit Cornet. Die Ski-Dekoration wird durch Fischernetze, Bikinis, Bojen und Rettungsringe ersetzt. In den Sommermonaten nimmt das Restaurant sogar einen anderen Namen an: Es heißt dann Cervantes' Oyster Shack and Bar.

LA ESQUINA

*Schicke mexikanische Brasserie unter einem
Taco-Shop*

114 Kenmare Street, New York, NY 10012
646-613-7100 – esquinanyc.com
Täglich 18–2 Uhr
Bahnlinie: Train 6/Spring Street
Mittleres Preissegment

Der Name dieser Bar (La Esquina bedeutet auf Spanisch „die Ecke") lässt vermuten, dass es sich um eine ganz gewöhnliche kleine Eck-Taqueria handelt. Von außen wirkt der Laden in Downtown (es gibt noch weitere Standorte in Midtown, Uptown und Bozeman, Montana) sehr zwanglos: Mit seiner verrosteten Wellblechverkleidung und dem Neonschild erinnert er an ein altes mexikanisches Diner. Doch dies ist nur die eine Seite, die das Lokal nach außen hin präsentiert. Man kann spontan hierherkommen und sich ein paar Tacos zum Mitnehmen holen. Vielleicht bekommt man dann mit, dass immer wieder Leute durch eine kleine Tür in der kleinen Taqueria verschwinden ...

Wenn Sie eine Reservierung haben oder das Glück, ohne Reservierung in die Brasserie gelassen zu werden, öffnet Ihnen der Gastgeber die besagte Tür und Sie gehen eine Treppe hinunter, durch die Küche (wo die Latino-Köche Gerichte wie Taquitos und Ceviche zubereiten) und weiter in den Hauptraum der Brasserie.

Hinter der langen Bar stehen Flaschen mit Tequila und Mezcal bereit. Im oberen Stock ist alles hell, aber hier unten ist es schummrig – aber immer noch hell genug, um zu sehen, dass über den Sofas ein sinnliches Gemälde hängt, auf dem sich eine Konkubine räkelt. Hinter den Eisengittern fühlt man sich ein wenig wie in einem Kerker (nur das Essen ist besser). Die Tische und Stühle bestehen aus dunklem Holz, die Wände sind mit verspielten, blau-weißen Fliesenmosaiken geschmückt. Im ganzen Raum sind Kerzen verteilt, von denen Wachs tropft. Es wird dröhnende Popmusik gespielt, die für Partystimmung sorgt.

Das La Esquina ist bekannt für seine Margaritas – und die sind richtig gut! Um einen Margarita zuzubereiten, werden Espolòn Reposado Tequila, Triple Sec, frischer Limettensaft und Passionsfrucht- oder Blutorangensaft gemixt und in einem Kelchglas mit Salzrand serviert; zum Abschluss wird der Cocktail mit Limetten- und Orangenscheiben garniert. Es gibt noch andere Cocktails, zum Beispiel einen mit Wodka, einen mit Gin und einen mit Bourbon – aber die meisten werden mit Tequila oder Mezcal zubereitet, und das ist auch gut so. Diese Cocktails sind die perfekte Ergänzung zu dem mexikanischen Streetfood, das auf der Speisekarte steht.

Zu essen gibt's die klassischen Elotes callejeros (gegrillte Maiskolben mit Mayonnaise, Cotija-Käse und Limettensaft), Ceviche und Queso fundido (geschmolzener Chihuahua-Käse mit Kürbiskernen und Chili de Arbol); der Queso wird in einer kleinen gusseisernen Pfanne mit Kochbananenchips zum Dippen serviert. Und natürlich gibt es Tacos in allen Variationen: mit gegrilltem Steak, Huhn, dem Fisch des Tages, Käse, Kalbszunge, Carnitas (geschmortem Schweinefleisch) und langsam gebratenem Pulled Pork. Jede Bestellung umfasst zwei Tacos, die auf einem Holztablett serviert werden. Je mehr Sie bestellen, desto größer ist die Platte, die Sie bekommen.

MI PEQUEÑO CHINANTLA

Angesagt bei Gourmets und Fans des Verborgenen

4011 5th Avenue, Brooklyn, 11232
718-972-1578
Montag bis Samstag 11–22 Uhr; Sonntag 10–21.30 Uhr

Wollen Sie den Duft von Schmorgerichten schnuppern? Oder einen Hirschkopf sehen? Dann sind Sie hier genau richtig. Das winzige mexikanische Restaurant Mi Pequeño Chinantla, das sich auf der Rückseite einer Bodega im Sunset Park befindet, wurde als Hommage an die Heimatstadt des Restaurantinhabers eröffnet und hat sich im Laufe der Jahre zu einer beliebten Adresse für Gourmets und Fans des Verborgenen entwickelt.

Die Anziehungskraft des Lokals liegt für seine Gäste auf der Hand: Das winzige Restaurant ist nicht ausgeschildert, mit unzähligen ausgestopften Tieren dekoriert und serviert üppige Hausmannskost in großzügigen Portionen.

Die Markise der Lebensmittelhandlung La Union Deli Grocery verkündet, dass der Laden Produkte aus Salvador verkauft, erwähnt aber nicht das beliebte Restaurant, das sich auf der Rückseite des Geschäftes befindet. Nur die handgeschriebene, in Spanisch verfasste Speisekarte, die über den Obstregalen im Schaufenster hängt, deutet darauf hin, dass sich hinter dem Laden mehr verbirgt, als die Werbung offenbart.

Der schmale Ladenraum der La Union Deli Grocery ist voller regionaler Snacks und Lebensmittel; es gibt eine Feinkosttheke und über einer Tür im hinteren Bereich des Ladens hängt ein Hirschkopf (der kaum zu übersehen ist). Dahinter – ebenfalls im Erdgeschoss – befindet sich das zweite Unternehmen des Hauses: das Restaurant Mi Pequeño Chinantla.

Die Wände des Restaurants sind mit Tchotchke (Nippes), Spiegeln, traditioneller Kunst und einer Reihe von Tierpräparaten geschmückt. Außerdem wachen ein weiterer Hirsch, ein Wolf, ein einsames Geweih und ein bedrohlich wirkender Rotluchs über das kleine Lokal. Auf einem Regal stehen einige Pflanzen, die in die Sonne lugen, die in die Bodega scheint.

An der Decke hängt eine umfangreiche, handgeschriebene Speisekarte, die eine riesige Auswahl von Bestelloptionen auflistet. Es gibt Picaditas (Maiskuchen mit Salsa und Queso), eine traditionelle Suppe namens Mole de Panza, ein beliebtes Wochenendgericht namens Barbacoa sowie Quesadilla- und Taco-Gerichte in Hülle und Fülle. Aber das Herzstück des Restaurants sind die Tamales und die Guisados (Schmorgerichte). Die Guisados, äußerst deftige Schmorgerichte, wechseln täglich, ebenso wie alle anderen Gerichte auf der handgeschriebenen Speisekarte – ganz zu schweigen von der ungeschriebenen. Samstags und sonntags gibt es sogar noch eine weitere Speisekarte. (Kurz: Am besten fragen Sie einfach nach, was gerade im Angebot ist und bestellen das, was Ihnen empfohlen wird.)

Das Restaurant bietet nur wenige Sitzgelegenheiten, aber bei schönem Wetter kann man sein Essen im Sunset Park (nach dem das Viertel benannt ist) genießen, der weniger als einen Block entfernt ist.

OVERSTORY

*Ein atemberaubender Ausblick vom ehemals
dritthöchsten Gebäude der Welt*

64th floor of 70 Pine Street, Manhattan, 10005
212-339-3963
overstory-nyc.com
Dienstag bis Samstag 17.45–24 Uhr

© Alix Piorun

Von oben schmeckt alles besser, und zu himmelhohen Cocktailpreisen passt kaum etwas besser als ein entsprechender Ausblick. Als das denkmalgeschützte Gebäude in der 70 Pine Street im Financial District anno 1932 fertiggestellt wurde, war es mit einer Höhe von 290 Metern und 67 Etagen das dritthöchste Gebäude der Welt; die obersten Etagen waren damals den Führungskräften vorbehalten. Heute befindet sich im 64. Stockwerk dieses Wolkenkratzers die Bar Overstory, für die man Reservierungen vornehmen kann, die aber auch gern Laufkundschaft empfängt.

Der 56 Quadratmeter große Innenraum verfügt über eine beleuchtete Bar aus Messing und Marmor, welche von Samthockern umgeben ist, die in der Abenddämmerung wie Wolken wirken. Aber nicht einmal die eleganteste Einrichtung der Welt könnte mit dem Ausblick mithalten, der sich von der Panoramaterrasse des Overstory bietet. Hier draußen auf der von einem Art-déco-Geländer umgebenen Terrasse – Hunderte Meter über Manhattan – genießt man einen Rundumblick auf New York, der bis zum Horizont reicht. Die Aussicht ist so atemberaubend, dass die Bar wohl eher als Aussichtsplattform mit Getränkeservice betrachtet werden kann.

Um zum Overstory zu gelangen, fährt man von der roten Marmorlobby mit dem Aufzug hinauf zum wesentlich teureren und exklusiveren Partnerrestaurant des Overstory – dem Saga. Dort wird man über eine Travertin-Treppe in den Innenbereich der Bar geleitet, die eine Etage weiter oben liegt.

Während ein Gericht im Restaurant Saga mit 295 US-Dollar zu Buche schlägt, sind die Cocktails im Overstory mit 24 US-Dollar pro Stück vergleichsweise ebenso teuer. Das erschwinglichste Getränk, eine 350-Milliliter-Dose Cider, kostet elf US-Dollar. Das Speiseangebot ist begrenzt und umfasst Austern, Royal Kaviar vom Stör und Lamb Buns (Brötchen mit einer Füllung aus gegrilltem Lamm).

Im Saga hingegen herrscht grenzenlose Opulenz – ebenso grenzenlos wie der Betrag an Geld, den man bei einem einzigen Besuch in diesem Restaurant ausgeben kann. Die Einrichtung soll das Gefühl erwecken, sich nicht in einem Restaurant, sondern im Haus eines sehr reichen Freundes zu befinden. Der exorbitante Preis bezieht sich nicht nur auf das Essen, sondern auf das Restaurranterlebnis an sich.

Das Gebäude beherbergt außerdem das Restaurant Crown Shy im Erdgeschoss, das ebenfalls von James Kent und Jeff Katz (die auch hinter der Bar Overstory stehen) betrieben wird. Da sich das Crown Shy im Erdgeschoss befindet, bietet es nicht den Ausblick seiner Partnerlokale im Obergeschoss – dafür verfügt es über fünf Meter hohe Fenster, die vom Boden bis zur Decke reichen; außerdem hat es eine offene Küche und ist mit einem Michelin-Stern gekrönt.

© Alix Piorun

BAR CENTRALE

Ein Absacker für Broadway-Stars

324 West 46th Street, New York, NY
212-581-3030
barcentralenyc.com
Täglich 17 Uhr bis open end
Bahnlinien: Train N, Q und R/49th Street; Train C und E/50th Street
Mittleres Preissegment

Die Bar Centrale verbirgt sich hinter der unscheinbaren Tür eines Stadthauses. Um sie zu erreichen, muss man ein paar Treppen hinaufgehen – und taucht dann in eine Welt ein, die völlig abseits des Trubels im quirligen Theater District liegt. Draußen regiert das Chaos, aber drinnen in der Bar fühlt man sich wie in einem sicheren Hafen. Viele Broadway-Schauspielerinnen und -Schauspieler kommen hierher, um nach ihren Theatervorstellungen einen Absacker zu nehmen, denn sie wissen, dass sie sich auf die Diskretion des Personals verlassen können.

Die Bar Centrale ist definitiv kein historisch inspiriertes Lokal wie das Sardi's oder das Barbetta, bietet aber jede Menge Anspielungen auf die Geschichte dieses Bezirks. Wer das Lokal zum ersten Mal besucht und durch den Samtvorhang tritt, landet direkt vor einer Garderobe, die von einem Mitarbeiter der Bar bedient wird (was es heutzutage kaum noch gibt). An den Wänden hängen Schwarz-Weiß-Fotos, und in dem kleinen Fernseher über der Bar laufen alte Filme wie *Sabrina*. Es gibt separate Sitzecken und schwarze Tische – einer davon hat eine Glasplatte, unter der alte Theaterkarten und Streichholzbriefchen platziert sind. Sogar die Toiletten sind mit alten Schwarz-Weiß-Fotos geschmückt, die den Times Square und das umliegende Viertel Hell's Kitchen darstellen. Die Bar ist glamourös, aber nicht protzig, ein bisschen retro, aber nicht künstlich aufgesetzt. Und sie hat eine geheimnisvolle Atmosphäre, denn man weiß nie, auf wen man hier treffen wird.

Auch die Getränkekarte ist anspruchsvoll, jedoch nicht überladen. Es gibt Wein, Bier und klassische Cocktails für Leute, die keinen Blick auf die Karte werfen müssen, sondern einfach ihren Tanqueray-Martini mit einem gewissen Pfiff bestellen, weil sie ihre Martinis immer so trinken. Wenn Sie nach einem Martini fragen, serviert der Barkeeper Ihnen ein kleines Glas Martini und eine Minikaraffe, in der das restliche Getränk auf Eis liegt, damit Sie sich nicht mit einem warmen Cocktail herumärgern müssen. Das Speiseangebot umfasst Klassiker wie Austern, Krabbencocktails und Kaviar, aber auch Hummer-Quesadillas, vegetarische Samosas und chinesische Teigtaschen. Der Service ist höflich und zuvorkommend.

Speakeasys und versteckte Bars sind in Midtown relativ selten. Dies liegt vielleicht daran, dass die ersten Speakeasys in Downtown New York aufkamen und der Trend sich erst langsam nach Norden vorarbeitete. Während der Prohibition – als die Bars gewaltsam in den Untergrund gedrängt wurden – war dieser Bezirk noch relativ unberührt. Mit Ausnahme des Barbetta (des ältesten Restaurants in New York, das bis heute von derselben Familie betrieben wird) begann sich in diesem Bezirk erst Anfang des 20. Jahrhunderts eine Gastronomieszene zu entwickeln.

BAR UND DINING-ROOM IM CLUBHAUS DER SOCIETY OF ILLUSTRATORS

Ein Kunstclub in der Upper East Side

128 East 63rd Street, New York, NY 10065 – societyillustrators.org
Museum: Dienstag 10–20 Uhr, Mittwoch bis Freitag 10–17 Uhr, Samstag 12–16 Uhr
Skizzen-Abende: Dienstag und Donnerstag 18.30–21.30 Uhr
Die monatlichen Brunch- und Dinnershows sind auch für die Öffentlichkeit
zugänglich – Bahnlinien: Train F/Stationen Lexington Av oder 63rd Street;
Train 4, 5, 6, N, Q und R/Stationen Lexington Av oder 59th Street

Die Society of Illustrators („Gesellschaft der Illustrator:innen") ist eines dieser versteckten Kleinode, die nicht einmal die umliegenden Nachbarn kennen – das trifft ganz besonders auf die Bar und den Dining Room im dritten Stock dieses Kunstclubs an der Upper East Side zu. Dabei ist die Gesellschaft bereits seit dem Jahr 1901 aktiv und befindet sich seit 1935 in ihrem jetzigen Domizil, einem ehemaligen Kutschenhaus, das 1875 erbaut wurde.

Die Gesellschaft veranstaltet seit dem frühen 20. Jahrhundert monatliche Dinner-Abende, an denen bereits angesehene Illustratoren wie N. C. Wyeth (1882–1945) und Persönlichkeiten wie der Schriftsteller Mark Twain (1835–1910) und die Schauspielerin und Produzentin Gloria Swanson (1899–1983) teilnahmen. In den 1920er-Jahren traten hier Künstler wie Jimmy Durante (1893–1980) und die Cotton-Club-Band auf (der Cotton Club war ein legendärer Jazz-Nachtclub zur Zeit der Prohibition). Die monatlichen Brunch- und Dinnershows werden nun im Speiseraum fortgesetzt, der über eine historische Bar sowie eine Freilufterrasse verfügt und wechselnde Kunstausstellungen zeigt.

Über der Bar hängt das Gemälde The Christmas Coach („Die Weihnachtskutsche") von Norman Rockwell (1894–1978), das der Künstler höchstpersönlich dem Club im Jahr 1935 schenkte. In der Beschreibung seines Gemäldes erklärt Rockwell: „Dieses Gemälde hängt jetzt im Clubhaus der Society of Illustrators, New York. Der Barkeeper, Ted Croslin, ist den Illustratoren wohlbekannt. Sie mögen ihn so sehr, dass sie ihm ein Abendessen ausgaben, als er in den Krieg zog. Er ist nicht so mürrisch, wie er aussieht."

In jener Zeit befand sich die Bar der Society im vierten Stockwerk des Clubhauses. In den 1950er-Jahren zog die Bar in den dritten Stock um; das Gemälde von Rockwell wurde 2008 an seinen jetzigen Standort gebracht. Über dem Bild hängt ein Holzwappen, das vom Esstisch des Illustrators Charles Dana Gibson (1867–1944) stammt, der jahrelang für das Life Magazine arbeitete.

Die Gerichte, die im Speiseraum serviert werden, werden von „Chef Q" zubereitet, der besonders für seinen Bananen-Brûlée-French-Toast mit Challah-Brot und Bananen-Ahorn-Walnuss-Sirup bekannt ist. Der Brunch kostet 30 US-Dollar und beinhaltet ein komplettes Büfett sowie Kaffee, Tee und einen Mimosa-, Bellini- oder Bloody-Mary-Cocktail. Das Abendessen wird ebenfalls in Form eines Büfetts serviert und schlägt mit 50 US-Dollar zu Buche. Es gibt keine offizielle Getränkekarte, aber Sie können den Barkeeper um alles bitten, worauf Sie Lust haben. Es gibt mehrere Spezialcocktails, die nicht auf der Karte stehen, zum Beispiel den Cocktail The F Train („Der Zug F"), der aus Wodka mit Biogurkenaroma der Marke Crop Harvest Earth, Holunderlikör, Limettensaft und Ananassaft besteht.

DER STORAGE ROOM VON UES.

Ein einzigartiges Eiscrème-Speakeasy

1707 2nd Avenue, Manhattan, 10128
646-559-5889
theuesnyc.com
Dienstag bis Freitag 17–1 Uhr; Samstag 16–1 Uhr; Sonntag 17–1 Uhr

© Alix Piorun

Diese bunt bemalte Eiscrème-Bar in der Upper East Side (dem Bezirk, nach dem die Bar benannt ist) ist nicht gerade versteckt: das UES. wirkt zwischen den nüchternen, zugeknöpften Geschäften, mit denen es sich diesen Abschnitt der Second Avenue teilt, wie ein bunter Vogel. Vor dem Laden stehen pinkfarbene Sonnenschirme, Pfosten mit Blumengirlanden, Sitzbänke mit Herzmustern und violette Stühle. Drinnen geht es nicht minder quirlig zu, und wer Lust auf Eiscrème hat, kann hier nach Herzenslust schlemmen. Aber in der Eisdiele wartet ein süßes Geheimnis auf all jene, die es lüften können! Hinter der extrem Instagram-tauglichen, mit Eisbechern geschmückten Wand verbirgt sich noch eine ganz andere, schummrig beleuchtete Welt: eine Bar namens Storage Room.

Um den Storage Room zu besuchen, müssen die Kunden erst einmal die Tür finden, die zu der Bar führt. Die weißen Backsteinwände der Eisdiele sind mit Waffelmustertapeten und rosafarbenen Deko-Elementen geschmückt. Doch einen Schritt hinter der aufschwingbaren Eisbecherwand befindet sich eine Bar für Erwachsene, die wie eine Art Schrein wirkt. Kinder haben hier keinen Zutritt, und Baseballmützen, Beanies, Kapuzenpullis, Sportkleidung und sonstige „superlässige Kleidung" sind verboten.

„Als ich die Bar eröffnete, waren wir das einzige Eiscrème-Speakeasy der Welt", sagt Cortney Bond, die das UES. im Jahr 2017 eröffnete, nachdem sie festgestellt hatte, dass das notorisch spießige Stadtviertel ein wenig mehr Farbe vertragen könnte. „Ich hatte eigentlich vor, mein Konzept im Stadtzentrum umzusetzen, wollte aber auch gern etwas für mein eigenes Viertel haben", erklärt Bond, die selbst in der Upper East Side wohnt. „Alle Cocktails sind nach Dingen benannt, die typisch für die Upper East Side sind, und wir bieten auch viele Cocktails rund um das Thema Eiscrème, die unsere Gäste genießen können.."

Die Atmosphäre der Bar ist sehr modern: Als Sitzgelegenheiten dienen Barhocker und intime Polstersitzecken, an der Decke hängen moderne Kronleuchter, und die Wände sind mit goldenen Bilderrahmen geschmückt – viele davon enthalten Bilder, andere sind leer und dienen als reine Deko. Die Bartheke ist mehr als nur funktional: Das warm beleuchtete Herzstück des Storage Room ist mit Säulen ausgestattet und besteht aus drei Gewölberegalen, die mit verschiedenen Schnapsflaschen gefüllt sind.

„Ich wollte, dass die Gäste sich bei uns wie in einer Bar aus der Prohibitionszeit fühlen, deshalb ist bei uns alles so schummrig, im Antiklook und sexy gestaltet", sagt Bond.

In den fünf Jahren, seit UES. im nobelsten Viertel Manhattans nun schon Eiscrème und Cocktails anbietet, hat sich die Bar zu einer wahren Luxusoase entwickelt.

KEYS & HEELS

Die luxuriöse Cocktailbar verbirgt sich hinter einem Schlüsseldienst und Schuhreparaturgeschäft

1488 2nd Avenue, Manhattan, 10075
917-557-0217
keysandheels.com
Mittwoch bis Samstag, 18 Uhr bis open end

Getarnt durch einen Schlüssel- und Schuhreparaturdienst, der angibt, seit dem Jahr 1971 Schlüssel anzufertigen und Lederschuhe zu reparieren, serviert die Bar Keys & Heels hochwertige Cocktails in stilvoller Umgebung.

„Es war mir wichtig, eine alte New Yorker Gebäudefassade zu haben, die von den Leuten leicht übersehen wird – aber wenn man eintritt, wird man in eine andere Welt versetzt", sagt Gründer Massimo Lusardi über sein neuestes Projekt in der 2nd Avenue.

Obwohl das Restaurant mit seiner Fake-Fassade eher als Speakeasy betrachtet werden kann als viele andere Bars, die sich als solche ausgeben, entschied sich Lusardi, von der oft genutzten Prohibitions-Ästhetik abzurücken und mit einer üppigen Farbpalette und plüschigem Samt für eine charmante, verspielte Atmosphäre zu sorgen.

Es gibt eine begrenzte Auswahl an Lounge-Häppchen, darunter hausgemachte Focaccia, Gebäckröllchen mit Lachstatar-Füllung und eingelegte Oliven, aber der Schwerpunkt liegt ganz klar auf der zweiteiligen Cocktailkarte, die vorwiegend Hauscocktails bietet.

„Die meisten Bars stellen fest, dass ihre Hauscocktails anfangs sehr beliebt sind und die Gäste danach wieder ihre üblichen Favoriten bestellen – aber wir freuen uns darüber, dass die Leute immer wieder zu uns kommen, um unsere Hauscocktails zu genießen", berichtet Lusardi stolz. Zu den Cocktail-Highlights gehören der Pretty Little Psycho (eine „scharfe alkoholfreie Margarita"), der auf Roggenwhiskey basierende Drink Upper East Side und eine „fruchtbetonte Margarita" namens Adulting.

Was den Schlosser- und Schusterdienst angeht, so kann man seine Schlüssel und Schuhe getrost zu Hause lassen: Die durchaus überzeugende Fassade ist ein reines Gimmick – obwohl Lusardi sagt, dass sie so authentisch wirkt, dass viele Passanten glauben, die Läden seien echt … Das liegt wahrscheinlich an dem verwitterten Schild über der Markise, auf dem behauptet wird, dass in dem Geschäft seit vielen Jahrzehnten die Schuhe und Schlüssel der Nachbarschaft repariert werden.

„Wir fertigen Schlüssel an", steht auf der Neonröhre im Schaufenster des „Ladens". So viel ist sofort klar, wenn man den Laden betritt: Die Masche wird auch hinter der Schaufensterfront noch ein wenig fortgesetzt. Die Kunden betreten eine Lobby, die so groß wie ein Schrank ist. An den grauen Wänden hängen alte Bilder rund um das Thema Schuhreparatur, wie man sie auch bei einem echten Schuster finden würde; erst dann geht's durch eine weitere Tür zum Hauptraum der Bar.

Nicht nur kaputte Treter sind unerwünscht – auch Sneakers, Flip-Flops, Baseballkappen und Mützen sind streng verboten. Obwohl das Designkonzept geschützte Sitzecken vorsieht, in denen die Gäste einen gemütlichen Abend mit ihren Freunden verbringen können, wird erwartet, dass sie dabei respektabel aussehen.

EMPLOYEES ONLY

Außen Reklame für eine Wahrsagerin

510 Hudson Street, New York, NY 10014 – 212-242-3021 – employeesonlynyc.com
Täglich 18–4 Uhr – Handlesen und Tarot ab 19 Uhr
Bahnlinie: Train 1/Christopher St – Mittleres Preissegment

Man könnte die Tür in der Hudson Street mit der Neonreklame für Wahrsagerei im Fenster glatt übersehen – wären da nicht die Warteschlangen, die das ganze Jahr über vor eben dieser Tür stehen. Die Leute, die daran vorbeigehen, werden wohl nie erfahren, dass sich dahinter eine preisgekrönte Cocktailbar und ein Restaurant verbergen. Gehen Sie in den Vorraum, in dem ab 19 Uhr eine echte Hellseherin Handlinien liest und Tarotkarten legt, schieben Sie den roten Samtvorhang beiseite

und treten Sie in diese wunderschöne Bar ein. Die Einrichtung ist komplett im Art-déco-Stil gehalten. Die Wandverkleidungen bestehen aus geschwungenem Mahagoniholz, und ein dreistufiger Deckenfries lenkt die Blicke nach oben, wo mehrere Pendellampen hängen.

Gegenüber der geschwungenen Messingbar stehen Tische an der Wand, über denen Reproduktionen von Gemälden und Fotografien aus den 1920er- und 1930er-Jahren hängen (die Originale stammen von Künstlern wie Man Ray (1890–1976), Tamara de Lempicka (1898–1980) und Juan Gris (1887–1927)). Oben an den Bilderrahmen sind Lampen im Museumsstil angebracht, die die Bilder beleuchten. Auf einem Regal, das über einem abgeschrägten Spiegel hängt, liegen alte Vintage-Koffer; in der Ecke steht ein kleiner Metallventilator. In den 1920er-Jahren wurde der Raum als Bestattungsinstitut genutzt – die Marmorböden der Bar stammen noch aus dieser Zeit. Der Kamin, der jetzt von dickem, glänzendem Metall umrahmt ist, ist ein Element des ursprünglichen Gebäudes, das in den 1860er-Jahren errichtet wurde. Hinter der Bar mixen die elegant in Weiß gekleideten Barkeeper aufwendige Cocktails. Die Bar bietet Klassiker, Haus-Interpretationen von Klassikern und Original-Drinks wie den Mata Hari – eine Mischung aus 1783 Cognac von Remy Martin, Martini Rosso mit Chai-Infusion und Granatapfelsaft. Nach kräftigem Schütteln des Gebräus gießt der Barkeeper den fertigen Cocktail durch ein Hawthorne-Sieb in ein Coupé (Cocktailglas) und garniert ihn mit Rosenknospen. Der Drink hat eine dezente Süße, ist sehr mild und schmeckt köstlich. Viele Cocktailrezepte ändern sich je nach Saison – so wird der Ginger Smash, der im Winter mit frischen Preiselbeeren gemixt wird, im Sommer mit Früchten wie Ananas zubereitet.

Im Hinterzimmer, das ein paar Stufen höher liegt, speisen die Gäste Austern, Steak Tartare (das als das Beste der Stadt gepriesen wird), Lammkoteletts im Speckmantel und Ricotta-Gnocchi. Der Raum ist mit blassgelben Sitzecken und Tischen ausgestattet und bietet etwas mehr Platz, um es sich bequem zu machen. Nach Mitternacht stellt die Küche auf eine Late-Night-Speisekarte um, die Gerichte bietet, auf die man nach einer durchzechten Nacht große Lust hat: getrüffelter Grillkäse mit Parmesan-Pommes-frites, Hähnchenschnitzel und Cevapcici (um nur einige zu nennen). Die Küche bleibt bis 3 Uhr morgens geöffnet; ab 3.30 Uhr wird Tom Waits gespielt und die letzten tapferen Seelen, die noch in der Bar sind, bekommen eine kostenlose Tasse Hühnersuppe – oft sind es Beschäftigte im Dienstleistungssektor, die nach ihrer Nachtschicht auf einen Absacker ins Employees Only kommen. „Als wir eröffneten, gab es keinen Ort, den man nach seiner Nachtschicht noch besuchen konnte, um einen guten Cocktail oder eine gute Mahlzeit zu genießen und Spaß zu haben. Wir haben versucht, all dies zu verknüpfen", sagt Igor Hadzismajlovic, einer der Mitbegründer der Bar.

DIN DIN SUPPER CLUB

Dieses nomadische Dinner-Pop-up hat ein komplett anderes Flair als ein Restaurant

484-682-7814
dindinnyc.com – rezzos@dindinnyc.com

Dieses Wander-Dinner-Pop-up-Restaurant scheint eine treue Fangemeinde zu haben – wo immer es auch seine Zelte aufschlägt. Din Din wurde in Portland/Oregon als öffentlicher Supper-Club gegründet, bevor es im Jahr 2013 einen festen Standort bekam. 2016 schloss die Inhaberin und Küchenchefin Courtney Sproule das Restaurant. Das neun Jahre alte Projekt, dem zugeschrieben wird, die New Yorker Restaurantszene neu konzipiert zu haben, sei „zur vollen Entfaltung gekommen", verkündete sie damals.

Courtney Sproule zog daraufhin nach New York und eröffnete ihr Unternehmen neu, als sich die Gelegenheit und eine freie Immobilie boten. Seit dem Umzug nach New York war das Din Din bereits in einer Kunstgalerie in der Lower East Side und in einem kleinen Ladengeschäft am Ende einer Restaurantzeile in Williamsburg untergebracht.

Die mehrgängigen Menüs, die bei den Pop-up-Events serviert werden, sind von der regionalen französischen Küche inspiriert: „aggressive,

saisonale Aromen, die mit einer modernen, femininen Handschrift präsentiert werden", heißt es in dem Flyer für ein bevorstehendes Dinner-Pop-up im Stadtteil Bed-Stuy (Bedford–Stuyvesant). Doch es ist nicht nur die hohe Qualität der Speisen, die Courtney Sproule – trotz ihrer langfristigen Terminplanung und eines fehlenden festen Standorts für ihr Restaurant – eine so große Fangemeinde einbringt, sondern auch das Versprechen von Muße, guten Gesprächen und gutem Wein als Ergänzung zu den mehrgängigen Abendmenüs. Im Din Din speist man wie im Kreise der Familie – die Gerichte werden auf handgefertigten Porzellantellern serviert und die Gäste werden paarweise platziert. Die Teilnahme an einem Pop-up-Event kostet 90 US-Dollar (inklusive Trinkgeld). Für die zukünftigen Dinner-Abende sind Menüs zu festen Preisen sowie kleine Gerichte à la carte (zum Beispiel Lamm-Haselnuss-Crepinette und Austern-Ceviche) geplant.

„Unsere Gäste sagen oft, dass das Din Din ein komplett anderes Flair als ein Restaurant hat. Dies ist unser Ziel – unsere Gäste sollen sich wie zu Hause fühlen und das Gefühl haben, einen Abend zu erleben, der sich so nie wiederholen wird", sagt Sproule. „Als Restaurantgast möchte ich nie, dass ein gutes Essen zu Ende geht – ich könnte ewig am Tisch sitzen bleiben." Der Tisch, erklärt sie und zitiert damit ihren Mentor, den Chefkoch Robert Reynolds, sollte mehr sein als nur ein Servierbrett zur Verpflegung, sondern „ein Vorwand, um zusammenzukommen".

ALPHABETISCHER INDEX

ASTORIA
Astoria's Secret — 10

BROOKLYN – BOERUM HILL
Govinda's Vegetarian Lunch — 12

BROOKLYN – GREENPOINT
Glasserie — 14
Saint Vitus — 16

BROOKLYN – PROSPECT HEIGHTS
Weather Up — 18

BROOKLYN – WILLIAMSBURG
Keller des St. Mazie Bar & Supper Club — 20
Hotel Delmano — 22
Mexico 2000 Bodega — 24
Die Kellerbar des *Wythe Hotel* — 26

CHELSEA
Bathtup Gin — 28
The Hideout — 30
Norwood — 32
Raines Law Room — 34
The Tippler — 36
Loulou — 38
La Noxe — 40

CHINATOWN
Apotheke — 42
Attaboy — 44
Pulqueria — 46
Saint Tuesday — 48

DIAMOND DISTRICT
Restaurants im Diamond District — 50

DOWNTOWN BROOKLYN
Sunken Harbor Club — 52

EAST VILLAGE
Death & Company — 54
Decibel — 56
Nublu — 58
Please Don't Tell — 60
The Red Room — 62
Café in den russischen und türkischen Bädern — 64
Streecha Ukrainian Kitchen — 66

ELMHURST
Sushi on Me — 68

GARMENT DISTRICT
Imbissstände neben der Warenannahme — 70

GRAMERCY
Dear Irving — 72
Der Schankraum des Players Club — 74

GREENWICH VILLAGE
124 Old Rabbit Club — 76
The Garret — 78
Little Branch — 80
Frevo — 84

HARLEM
American Legion Post 398 — 86
Jazz bei Marjorie Eliot — 88

HUDSON SQUARE
Pine & Polk — 90
Chez Zou — 92

JFK
The 1859 Speakeasy — 96

KIPS BAY
J. Bespoke — 100
Edei's — 102
Bar Calico — 104

KOREATOWN
Gaonnuri — 106
Jewel Thief — 108

LOWER EAST SIDE
The Back Room — 110
Beauty & Essex — 112
Fig. 19 — 116
Bling Barber — 118
Bohemian — 122
Garfunkel's — 124
Banzarbar — 126

MIDTOWN
RPM Underground — 128
Dear Irving on Hudson — 130
Nothing Really Matters — 132

MIDTOWN EAST
Campbell Appartment — 134
Kuruma Zushi — 136
Coffee-Shop der Norwegian Seaman's Church — 138

Sakagura   *140*
Der Speisesaal der UN-Delegierten   *142*
Burgerbar im *Hotel Le Parker Meridien*   *144*
Lantern's Keep   *146*

MIDTOWN WEST
Women's National Republican Club Restaurant and Pub   *148*

MORNINGSIDE HEIGHTS
Postcrypt Coffeehouse   *150*

MURRAY HILL
Die Bar The Garryowen im „69th Regiment Armory"   *152*
Raines Law Room im Hotel *The William*   *154*

NEW YORK HARBOR
Honorable William Wall Clubhouse   *156*

NOMAD
Patent Pending   *158*

QUEENS – FLUSHING
Die Kantine des Ganesh-Tempels   *160*

QUEENS – GLENDALE
Verkostungsraum der Bierbrauerei Finback   *162*

QUEENS – LONG ISLAND CITY
Dutch Kills   *164*

SOHO
Après-Ski-Fondue-Chalet im Café Select   *166*
La Esquina   *168*

SUNSET PARK
Mi Pequeño Chinantla   *170*

THE FINANCIAL DISTRICT
Overstory   *172*

THEATER DISTRICT
Bar Centrale   *176*

UPPER EAST SIDE
Bar und Dining-Room im Clubhaus der Society Of Illustrators   *178*
Der Storage Room von UES.   *180*
Keys & Heels   *182*

WEST VILLAGE
Employees Only   *184*
Din Din Supper Club   *186*

Thomas Jonglez

Im September 1995 hielt sich Thomas Jonglez in der Stadt Peshawar auf. Sie liegt im Norden Pakistans, 20 km von der Stammeszone entfernt, die er ein paar Tage später besuchen wollte. Dort kam ihm der Gedanke, alle verborgenen Winkel seiner Heimatstadt Paris, die er wie seine Westentasche kannte, schriftlich festzuhalten. Auf seiner Heimreise von Beijing, die sieben Monate dauerte, durchquerte er Tibet (wo er heimlich, unter Decken in einem Nachtbus versteckt, einreiste), Iran und Kurdistan. Er reiste dabei nie im Flugzeug, sondern per Boot, Zug oder Bus, per Anhalter, mit dem Rad, dem Pferd oder zu Fuß und erreichte Paris gerade rechtzeitig, um mit seiner Familie Weihnachten feiern zu können.

Nach seiner Rückkehr verbrachte er zwei großartige Jahre damit, durch die Straßen von Paris zu streifen, um gemeinsam mit einem Freund seinen ersten Reiseführer über die verborgenen Orte seiner Stadt zu schreiben. Während der nächsten sieben Jahre arbeitete er im Stahlsektor, bis ihn seine Entdeckerleidenschaft wieder überfiel. 2003 gründete er den Jonglez Verlag (Jonglez Publishing) und zog drei Jahre später nach Venedig.

2013 verließ er mit seiner Familie Venedig auf der Suche nach neuen Abenteuern und unternahm eine sechsmonatige Reise nach Brasilien mit Zwischenstopps in Nordkorea, Mikronesien, auf den Salomon-Inseln, der Osterinsel, in Peru und Bolivien. Nach einem siebenjährigen Aufenthalt in Rio de Janeiro lebt er heute mit seiner Frau und den drei Kindern in Berlin.

IM SELBEN VERLAG ERSCHIENEN

ATLAS

Atlas der geographischen Kuriositäten
Atlas der Wetterextreme
Atlas of unusual wines (auf Englisch)

BILDBANDE

Abandoned Asylums (auf Englisch)
Abandoned Australia (auf Englisch)
Abandoned Belgium (auf Englisch)
Abandoned France (auf Englisch)
Abandoned Lebanon (auf Englisch)
Abandoned Spain (auf Englisch)
After the Final Curtain – The Fall of the American Movie Theater (auf Englisch)
After the Final Curtain – America's Abandoned Theaters (auf Englisch)
Baikonur – Relikte des sowjetischen Weltraumprogramms
Chernobyl's Atomic Legacy (auf Englisch)
Cinemas – A French heritage (auf Englisch)
Clickbait – A visual journey through AI-generated stories (auf Englisch)
Forbidden Places – Exploring our Abandoned Heritage Vol. 1 (auf Englisch)
Forbidden Places – Exploring our Abandoned Heritage Vol. 2 (auf Englisch)
Forbidden Places – Exploring our Abandoned Heritage Vol. 3 (auf Englisch)
Forgotten Heritage (auf Englisch)
Stilles Venedig
Ungewöhnliche Hotels
Venedig aus der Luft
Verborgene Heiligthümer
Verbotene Orte
Verlassenes Deutschland
Verlassenes Frankreich
Verlassenes Japan
Verlassene UdSSR
Verlassene USA
Verlassenes Italien
Verlassene Kirchen – Kultstättten im Verfall

VERBORGENES-REISEFÜHRER

Verborgenes Bali
Verborgenes Bangkok
Verborgenes Barcelona
Verborgenes Berlin
Verborgene Dolomiten
Verborgenes Dublin
Verborgenes Edinburgh
Verborgenes Florenz
Verborgenes Genf
Verborgenes Granada
Verborgenes Hamburg
Verborgenes Istanbul
Verborgenes Kapstadt
Verborgenes Kopenhagen
Verborgenes Korsika
Verborgenes Lissabon

Verborgenes London
Verborgenes Los Angeles
Verborgenes Mailand
Verborgenes Neapel
Verborgenes New York
Verborgenes Normandie
Verborgenes Paris
Verborgene Provence
Verborgenes Rom
Verborgenes Sevilla
Verborgenes Singapur
Verborgenes Tokio
Verborgene Toskana
Verborgenes Venedig
Verborgenes Wien

„SOUL OF"-REIHE

Soul of Amsterdam – 30 einzigartige Erlebnisse
Soul of Athen – 30 einzigartige Erlebnisse
Soul of Barcelona – 30 einzigartige Erlebnisse
Soul of Berlin – 30 einzigartige Erlebnisse
Soul of Kyoto – 30 einzigartige Erlebnisse
Soul of Lissabon – 30 einzigartige Erlebnisse
Soul of Marrakesch – 30 einzigartige Erlebnisse
Soul of New York – 30 einzigartige Erlebnisse
Soul of Rom – 30 einzigartige Erlebnisse
Soul of Tokio – 30 einzigartige Erlebnisse
Soul of Venedig – 30 einzigartige Erlebnisse

Folgen Sie uns auf Facebook, Instagram und Twitter

BILDNACHWEIS:
Alle Fotos von Augustin Pasquet, Michelle Young und Alix Piorun.

Karten: Cyrille Suss – **Layout:** Emmanuelle Willard Toulemonde – **Deutsche Übersetzung:** Claudia Riefert – **Lektorat:** Sabine Hatzfeld – **Korrektorat:** Johanna Kling – **Herausgabe:** Clémence Mathé

© JONGLEZ 2024
Pflichtexemplar: Marz 2024 – 1. Auflage
ISBN: 978-2-36195-715-5
Gedruckt in Bulgarien von Dedrax